KB274546

목회 마스터 시리즈 · 3

목회 상담, 어떻게 할 것인가?

짐 스미스
게리 걸브랜슨 공저
아키발트 하트

김진우 옮김

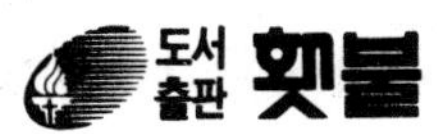

MASTERING
PASTORAL
COUNSELING

Archibald D. Hart
Gary L. Gulbranson
Jim Smith

MULTNOMAH

Portland, Oregon 97266

Christianity Today, Inc.

"

솔로몬의 지혜처럼
지혜롭게 사람들을 세워주는
상담자가 되시도록 늘 기도하며
___________님께
이 책을 드립니다.

"

목 차

3부 / 상담이 초래하는 문제들

머리말

그는 검을 가져와 아기를 둘로 가르라고 명령했다. 그것은 믿을 수 없는 해결책이었지만, 문제를 해결했다.

그러나 목사인 나의 관점에서 볼 때, 솔로몬이 그날 직면한 수수께끼는 사람들이 상담을 받기 위해 내 사무실에 가지고 오는 어려운 문제들에 비교할 때에는 쉬운 문제에 불과하다. 복잡한 삶과 오늘날의 도덕적 혼란이 초래하는 암담한 상황은 목회 상담을 점점 더 도전적인 과업으로 만들고 있다.

그러나 나는 솔로몬이 그 과업을 감당할 수 있었으리라고 생각한다. 지혜는 날이 넓은 예리한 칼이다. 솔로몬은 이렇게 말했다. "지혜 있는 자는 강하고 지식 있는 자는 힘을 더하나니."

상담 목사들이 결코 충분히 소유할 수 없는 것이 한 가지 있다면, 그것은 지혜이다. 합리화, 변명, 자기 기만, 그리고 인간의 마음 — 하나님만이 그 마음을 완전히 알 수 있으시다 — 의 정욕을 꿰뚫어 볼 수 있는 지혜 말이다. 말할 때와 들을 때를 아는 지혜 말이다. 얼마나 빠르게 또는 느리게 진행할 것인가를 알아채고, 영적인 자원들을 민감하게 선택하고, 다른 목회 상의 의무들과 상담의 균형을 유지하고, 도움을 요청할 것인가 아니면 스스로 도움을 제공할 것인가를 판단하고, 직접 해결할 때와 지원할 때를 아는 지혜 말이다. 그리고 무엇보다도 영적인 행동 방침을 제공하는 지혜 말이다.

목회 마스터 시리즈 중 한 권인 이 책의 세 저자가 소유하고 있는 것이

한 가지 있다면, 그것은 많은 경험과 상당한 훈련을 통해서 얻어진 지혜이다.

상담을 다루는 책을 채우고 있는 사례들의 민감한 성격 때문에, 우리는 개입된 사람들의 비밀과 신분을 보호하기 위해서 실제 이야기들에 담겨진 사실들을 수정하였다. 그러나 여기에 세 저자들에 대한 수정되지 않은 사실들이 있다.

게리 걸브랜슨(Gary Gulbranson)

내가 처음으로 걸브랜슨에게 전화를 걸었을 때, 그는 볼 일 때문에 사무실을 비우고 있었다. 그래서 그의 비서와 이야기를 나누고 있던 중에, 그녀가 잠깐만 기다려 달라고 했다.

나는 잠시 후에 "무엇을 도와 드릴까요?"라고 말하는 한 남자의 음성을 듣게 되었다. 나는 게리의 스케줄에 대해서 묻고 그에게 시간이 있는지를 물었다. 그리고 마지막으로 게리가 돌아올 때 내가 전화를 했다는 사실을 알려 달라고 부탁했다. 그러자 그는 "제가 게리 걸브랜슨인데요"라고 대답했다.

게리는 그처럼 겸손한 사람이다. 이 책을 위해서 그와 인터뷰를 하기 위해 그의 사무실에 갔을 때 그와 교회 직원들이 우리에게 보여 준 태도는 그가 가까이하기 쉽고, 주위에 있는 사람들에게 세심한, 사람들의 사람(a man of the people)이라는 사실을 분명히 보여 주었다. 그는 간략한 글을 통해서 많은 생각을 할 수 있는 시간과 공간을 여러분에게 제공해 준다. 게리는 여러분의 마음을 편안하게 해 줄 것이다.

그러나 그가 스스로 감당하고 있는 사역은 결코 태평한 것이 아니다. 그는 그가 1983년에 부임한 이후로 주일 출석자가 175명에서 800명으로 늘어난 글렌 엘린 성경 교회(Glen Ellyn Bible CHurch)를 목회하고 있다. 그에 덧붙여서, 그는 공동체와 기독교 기관들―로타리 클럽에서 활발히 활동하고 신학교로부터 저축 대부 조합에 이르는 다양한 기관들의 이사로 봉사하고 있다. 또한 그는 시카고에 소재한 무디 대학원 (Moody Graduate School in Chicago)에서 상담을 가르치고 있다.

하지만 그는 사역에 따르는 많은 요구들이 일대일로 사람들을 만나는 시간을 빼앗아가는 것을 허락하지 않는다. 그는 여전히 매 주 열 다섯 번 정도의 상담을 하고 있다.

게리는 로욜라 대학(Loyola University)에서 교육학 박사(Ed. D), 덴버 신학교(Denver Seminary)에서 목회학 석사(M. Div), 그리고 일리노이주 디어필드(Deerfield, Illinois)에 소재한 트리니티 대학 (Trinity College)에서 문학사(B. A) 학위를 받았다.

아키발트 하트(Archibart Hart)

「리더십」의 동료 중 한 사람이 아키발트 하트와 처음 만난 후 충분한 수면의 중요성을 깨닫게 되었다고 내게 말하고 있다. 그것은 내 친구가 참석하고 있었던 목회자 모임에서 강연하고 있었던 아키발트가 목사들에게 아드레날린과 스트레스의 관계에 대해서 경고하고, 잠을 더 자라는 가장 효과적인 일화(逸話)를 옹호했기 때문이었다. 그런 증세를 감지하고 있었던 내 동료가 그 처방을 받아들여 그 이후로 더 행복하고 더 생산적인 사람이 되었다고 말하고 있는 것이다.

그것이 분명히 사람들이 아키발트에게서 보게 되는 결합이다. 스트레스와 긴장의 증세를 약간 보여 주는 생산적이고도 정력적인 삶 말이다. 그는 남아프리카에서 토목 기사로 직업인으로서의 첫발을 내디뎠다. 그는 남아프리카 나탈 대학(the University of Natal)에서 철학 박사 학위를 받은 후에 개인 상담을 시작했다. 1973년에 풀러 신학교(Fuller Theological Seminary)에 온 그는 그곳에서 지금 심리학 대학원의 학장으로 봉사하고 있다. 그는 인기 있는 회의 강사이다. 그는 전문적인 저널들과 대중적인 저널들에 많은 기사를 써 왔으며, 십여 권의 책을 저술했다. 그 중에 「아드레날린과 스트레스간의 숨겨진 고리」(*The Hidden*

Link Between Adrenalin and Stress), 「여러분의 감정의 신비를 연다」 (*Unlocking the Mystery of Your Emotions*), 「낙담한 사람들에 대한 상담」(*Counselling the Depressed*), 그리고 가장 최근에 출간된 「이혼한 성인 자녀들의 치유」(*Healing Adult Children of Divorce*)가 포함된다.

그는 이 모든 일의 와중에서도 충분한 잠을 잘 시간을 얻을 수 있는 것이다!

아키발트는 또한 상담할 수 있는 시간을 발견하고 있으며, 그의 피상담자 중 다수가 목사들이다. 그는 목사들이 직면하고 있는 긴장들뿐 아니라 그들에게 가장 도전이 되는 상담 상황을 알고 있다.

짐 스미스(Jim Smith)

달라스의 하일랜드 파크 장로 교회(Dallas' Highland Park Pres-byterian Church)의 짐의 사무실에 들어 서는 사람은 그가 옥외 생활을 좋아하는 사람이라는 사실을 곧 알게 된다. 그 사무실의 벽면은 온통 사냥과 낚시 트로피로 덮여 있다. 그는 매주 목요일에 갖는 수렵 여행에서 큰 짐승들을 사냥해 왔다.

그가 책상에 앉아 있을 때, 그의 뒤편에 있는 벽으로부터 그의 머리 위로 거대한 야생 칠면조가 날개를 활짝 편 모습을 드리우고 있다. 짐은 이렇게 말한다. "사냥하기 가장 힘든 것이 야생 칠면조랍니다. 그 놈은 빈틈 없고 빠르거든요. 당신이 조금이라도 움직이는 모습을 보이면, 당신이 어깨에 총을 걸치기도 전에 사라져 버리는거죠." 그것이 짐이 야생 칠면조 사냥을 좋아하는 이유인 것이다.

그와 마찬가지로 힘들지만 미묘한 도전이 그를 상담으로 이끄는 것들 중 하나이다. 그는 그의 상담에 대한 수요—그의 스케줄은 몇 달 후까지 꽉 차 있다—에 기초해서 그 도전에 대처하고 있다.

짐 스미스는 모리스 하비 대학(Morris Harvey University, 지금의 찰스톤 대학)을 최우등으로 졸업했다. 그는 YFC(Youth for Christ)

에서 폭넓은 경험을 쌓았으며, 결국에는 11 주의 지역 부회장으로 봉사했다.

짐은 1973년에 기독교 교육 담당 목사로 하일랜드 장로 교회에 부임했다. 그는 1983년에 그 교회의 사역의 연장인 가정 생활 상담 센터(the Family Life Counselling Center)의 책임자가 되었다. 그는 「사랑하는 사람과 더불어 살기를 배우라」(*Learning to live with the One You Love*, Tyndale, 1992)의 저자이기도 하다.

목사인 나는 상담을 나의 아킬레스건이라고 간주했었다. 나는 언제나 상담보다는 설교에 훨씬 더 많은 관심을 가져 왔다. 그래서 나는 이들과 함께 일함으로부터 별 힘을 얻지 못하리라고 예상했다.

그 대신에 나는 내가 이제껏 겪은 모든 상담 훈련과 경험을 통해서 배운 것보다 더 많은 것을 그들로부터 배웠다. 최후의 일격(coup de grace)은 다음과 같은 것이었다 : 그들의 연합된 지혜는 이전에 전혀 갖지 못했던, 상담에 관한 분명한 자신감을 내게 남겨 주었다.

나는 이 세 사람이 솔로몬의 지혜를 얼마만큼이나 가지고 있는지에 대한 판단을 여러분에게 맡기고자 한다.

−크레익 브라이언 라슨(Craig Brian Larson)
「리더십」부편집인
일리노이주 캐롤 스트림에서

1부

상담자로서의 목사

상담을 위한 영적 자원들은 자동적으로 효과를 나타내지는 않지만
지혜롭게 사용될 때 초자연적인 효과를 나타낸다.

—게리 걸브랜슨

제 1장
영적 자원들을 활용하라

나는 1년 동안 한 여자를 상담했다. 그녀는 주로 학대 때문에 일어난
문제들을 안고 있었다. 그녀는 일생 내내 남편을 포함한 여러 남자들에
의해 육체적으로, 정신적으로 학대를 받았다. 그녀는 개인적으로 치유를
받고 결혼 생활의 안정을 찾기 위해서 성경적인 진리라는 영적 자원을
절실히 필요로 하고 있었다.

그러나 나는 상담 초기에 에베소서 5장에 나오는 화평한 결혼에 대한
청사진(靑寫眞)을 단순히 읽어 줄 수 없음을 알고 있었다. 그것은 내가
그 구절이 그녀가 처한 어려운 상황에 대해 가지는 타당성을 의심했기

때문이 아니라 그녀가 그 구절을 하나님이 의도하시는대로 이해하려 들지를 않았기 때문이다. 그녀에게는 **복종한다**라는 말이 **학대를 당한다**는 뜻으로 왜곡되게 이해되었던 것이다.

어쨌든 나는 그녀에게 여전히 영적인 자원들을 제공해야 했다. 문제는 그 방법이었다.

최첨단 기술을 결집시켜 놓은 병원에 근무하고 있기 때문에 가장 훌륭한 기술을 선택할 수 있는 의사처럼, 그리스도인 상담자는 끌어 쓸 수 있는 강력한 자원들—영적 자원들—을 가지고 있다. 그러나 그 자원들이 자동적으로 도움을 주는 것은 아니다. 그 자원들은 부작용을 초래할 수도 있다. 나는 여러 해에 걸쳐서 상담자가 기술과 민감성과 지혜를 가지고 영적인 자원들을 사용해야 한다는 사실을 배워 왔다. 여기에 내가 그 자원들의 적절하고 유익한 사용에 관해서 발견한 사실들을 소개하고자 한다.

의도적으로 기도를 사용하라

기도는 다른 어떤 활동보다 더 상담의 영적 측면을 나타낸다. 우리의 기도들은 우리가 우리의 교육이나 기술 또는 방법들을 의지하지 않고 이러한 상황 가운데 역사하시는 성령을 결국 의지한다는 사실을 보여준다. 기도는 하나님의 능력이 역사할 수 있도록 연약함을 고백하는 것이다.

그러나 기도는 비영적(非靈的)일 수도 있다. 상담을 회피하는 구실이 될 수도 있는 것이다. 또한 상담자는 단순히 감정적인 카타르시스를 산출하기 위해서 기도를 사용할 수도 있다. 또는 상담을 의식적(儀式的)으로 끝마치는—사실상 누군가를 돌려보내기 위해서—편리한 수단으로 사용될 수도 있다. 그러한 책략들은 기도를 값싼 것으로 만들고, 피상담자로 하여금 기도의 효과에 관해서 환멸을 느끼게 만들 뿐이다. 어려운 상황에 처한 사람들은 진실한 기도를 절실히 필요로 하고 있다.

기도는 상담에 있어서 정당한 것이 될 수 있다. 나는 기도를 이렇게 사용한다.

● 나는 나의 태도를 준비하기 위해 상담 전에 기도한다. 나는 종종 피상담자가 처한 상황에 해롭게 작용하는 감정적인 편견을 가지게 된다. 예를 들어, 두 딸의 아버지인 나는 자녀를 학대하는 죄를 짓고 있는 남자를 상담하는 데 어려움을 겪는다. 나는 그리스도의 사랑, 사람들의 필요에 대한 민감성, 그리고 과민 반응을 보이지 않을 수 있는 자제력을 주시기를 기도한다.

● 나는 인도하심과 통찰을 얻기 위해 기도한다. 어떤 사람의 문제에 얽힌 수수께끼를 푸는 최고의 통찰은 성령으로부터 임한다. 나는 사람들로부터 정보를 끌어내는 훈련을 받았으며, 하나님께서는 그들을 돕는 데 그 정보를 사용하게 해 주셨다. 그러나 그 분은 종종 내 스스로는 알 수 없고 발견할 수 없었을 것들을 계시해 주신다. 이것은 내가 어떤 것을 추구해야 하는가를 암시해 주는 어떤 인상의 형태로 매우 자주 임한다.

어쩌다 한 번씩 남편과 딸과 함께 우리 교회에 출석하는 한 여자가 어느 날 내게 전화를 걸어 자신과 남편을 상담해 줄 것을 요청했다. 나는 그녀에게 그녀가 처한 상황을 전화로 간단히 묘사해 줄 수 없겠느냐고 물었다. 그녀는 "우리는 어떤 사업을 하고 있는데 결혼 상의 문제가 있어요"라고 말했다.

그들과 약속한 날에, 나는 주님의 인도하심을 사전에 간구했다. "주여, 여기에 해결해야 할 것들이 많음을 느낍니다. 그리고 저는 그 문제들을 차근차근 풀어나갈 필요가 있습니다. 어떻게 그렇게 해야할지 모르겠습니다. 그들이 문제를 계속 해결해 나갈 수 있도록 충분한 발전을 기할 수 있으려면 제게 통찰이 필요합니다."

상담이 시작되고 서로를 더 잘 알게 되었을 때, 나는 그 사업 문제를 먼저 해결해야 되겠다는 느낌을 강하게 받았다. 그 문제를 끌어낸 것은 잘 흔든 펩시 콜라 캔을 딴 것과 같았다. 그들은 가족 중의 또 한 사람과 함께 남편과 아내로서 사업에 뛰어들었다. 그들은 그렇게 하는 동안 그들의 정직함을 양보했던 것이다.

우리는 변호사를 불러 문제들을 바로 잡는 일에 착수했다. 그것은 즉 각적인 위안을 가져다 주었다. 그래서 우리는 추후의 상담 시간에 그들의 결혼 문제를 해결할 수 있게 되었다. 사업의 상황이 그들의 갈등과 고통을 400마력의 힘으로 몰아갔던 것이다.

• 나는 상담 시작부터 피상담자와 기도한다. 나는 기도하는 중에 이 사람을 돕기 위해서 주님과의 관계를 의지하리라는 사실을 하나님과 피상담자에게 전달한다. 그에 덧붙여서, 상담자는 하나님의 임재를 인식하게 된다. 사무실에는 두 사람만이 앉아 있는 것이 아니다. 알콜 중독자 갱생회(Alcholic Anonymous)와 회복 그룹들(the recovery groups)이 입증해 왔듯이, 무력감을 느끼는 사람들이나 자제력을 상실한 사람들은 하나님께 주의를 집중시킬 필요가 있다.

그러한 기도는 그 상담의 분위기를 바꾸어 놓는다. 상담 과정을 전혀 겪어 본 적이 없는 그들은 불안하고 상처를 입기 쉽다. 그러나 빌립보서 4 : 6~7이 약속하고 있듯이, 기도는 그들에게 하나님의 평강을 제공함으로써 그들을 편하게 만들어 준다. 그래서 우리가 더 잘 대화할 수 있게 해 주는 것이다.

• 나는 기도를 숙제로 할당한다. 결혼 상담 중에, 나는 언제나 남편과 아내가 가정에서 함께 기도할 것을 요청한다. 기도는 다른 어떤 방법으로도 산출될 수 없는 친밀함을 육성한다. 그에 덧붙여서, 그들은 그들의 삶의 다른 측면들에 대한 감정들을 더 접촉하게 될 것이다. 만일 그들이 함께 기도할 수 없다고 말한다면, 나는 그들이 필요로 하는 것에 관해서 이야기한 다음에 서로가 있는 곳에서 조용하게 기도하라고 제안한다.

나는 "나는 하나님을 가까이 느끼지 못합니다. 저는 이 문제에 관해서 그 분께 말씀드릴 수가 없습니다"라고 말하는 사람에게 기도를 숙제로 할당한다. 나는 그런 사람들이 우리가 적절한 감정을 통해서 적절하게 행동할 수 있다는 사실을 발견하기를 원한다. 반면에 우리는 적절한 행동을 통해서 적절한 감정을 느끼지는 않는다.

• 나는 상담을 마칠 때 기도한다. 이 기도는 하나님의 임재 하에 일어난 일을 요약해 준다. 우리가 하나님의 임재 하에서 이 문제를 논의했다는 사실, 그 분이 우리가 말한 내용을 들으셨다는 사실, 그 분이 그들과 그들이 처한 상황에 관한 모든 사실을 알고 계신다는 사실, 그리고 그 분이 나보다 더 관심을 가지고 계신다는 사실을 다시 확인시켜 주는 것이다. 특히 큰 죄가 개입되어 있을 때, 사람들은 자신의 문제와 잘못들을 가져와 풀어 놓은 후에 이러한 하나님과의 유대(紐帶)를 이해할 필요가 있다.

이런 때 나는 특별히 하나님께 그 상황 가운데 역사해 주시고, 필요한 것을 공급해 주시며, 변화될 필요가 있는 것을 변화시켜 주시기를 구한다. 이 기도는 또한 하나님께서 그들의 삶 가운데 어떤 일을 실제로 행해 주시기를 내가 기대하고 있다는 메시지를 전달한다.

피상담자와 내가 가지는 관계의 본질이 누가 마침 기도를 할 것인가를 결정한다. 소외감이나 자부심과 같은 감정을 가지고 내 사무실을 찾는 어떤 사람들에게는 자기들의 문제에 관해서 다른 사람들과 함께 기도하는 것이야 말로 가장 생각하기 어려운 일이다. 그들에게는 그 문제에 관해서 이야기하는 것조차 겁나는 일이다. 그러나 그들은 시간이 지남에 따라서 대개 기도를 함께 나누고 싶은 어떤 것으로 보게 된다.

• 나는 피상담자들로 하여금 나를 위해 기도하게 한다. 상담이 끝날 때 일부 피상담자들은 자기가 나를 위해 기도할 수 있겠느냐고 묻는다. 나는 그것을 건강해지고 있는 표시라고 생각한다. 특히 이 사람들 대부분을 교회라는 환경 내에서 상대하기 때문에, 나는 그들이 상담이 일방통행로(one-way street)가 아니라는 사실을 알기를 원한다. 나는 그들이 영적으로 보답하고 싶어하는 바를 받아들인다. 나는 그들의 삶의 문제들을 바로 잡는 법을 그들에게 이야기하면서 큰 책상이나 강단 뒤로 숨지 않는다. 차라리 나는 우리가 그리스도의 몸으로서 함께 사역하기를

바란다.

그들은 내 사무실에서 두 발자욱만 나가면 자유롭게 그들의 영적 은사를 사용할 수 있다. 그 당시의 상황이 얼마나 황폐하든 간에, 당장 느끼는 무력감에도 불구하고, 그들은 여전히 다른 사람들에게 의미있는 일을 할 수 있다. 그들은 기도할 수 있는 것이다.

상담에 따르는 무거운, 때로는 압도적인 문제들을 다루는 중에, 나는 기도를 보충하는 것으로 금식이 유익하다는 사실을 발견해 왔다. 나는 피상담자에게 맡기지 않고 스스로 금식한다. 나는 감정적, 영적 씻음이 필요할 때 금식한다. 그리고 금식을 내 삶에 영향을 끼치기 시작하는 일련의 문제들을 다룰 때 기도의 훈련으로 사용한다. 예를 들자면, 결혼 생활의 위기를 맞고 있는 일단의 사람들을 상담하는 중에 나 자신의 결혼 생활에 압박을 느끼기 시작할 때이다. 또한 나는 하나님의 인격의 어떤 측면에 초점을 맞추고 나의 욕구들을 억제하고자 할 때 금식을 사용한다.

이해를 한 후에만 성경을 사용하라

혼란스러운 상황에 처해 있는 상처 입은 사람들은 하나님으로부터 임하는 지혜와 말씀을 절실히 필요로 한다. 따라서 목회 상담자는 비교할 수 없는 자원을 갖고 있다. 성경적 진리가 그것이다. 성경은 해답, 위로, 그리고 지침을 위한 가장 큰 상담 자료인 것이다.

그러나 기도와 마찬가지로, 성경도 상담에 있어서 오용될 수 있으며, 더 큰 피해를 줄 수도 있다. 나는 상담 과정을 방해할 수 있는 방식으로 성경을 사용할 수 있다. 피상담자가 자기 문제의 징후 몇 가지를 말하자마자 성경 구절들이 내 마음 속에 떠오르기 시작한다. 그녀가 이야기를 마치기도 전에, 나는 "어떻게 여러분의 결혼을 바로 잡을 것인가"라는 제목으로 지난 달에 한 설교를 떠올린다.

만일 내가 성경을 가지고 공격하기를 좋아한다면, 나는 피상담자의 진정한 관심사들을 듣는 데 실패하게 될 것이다. 그리고 그 결과로 그들의 문제의 배경과 원인을 이해할 수 없게 될 것이다.

가장 중요한 것은 그들이 성경을 어떻게 이해하고 있는가를 파악할 수 없으리라는 것이다. 나는 과녁이 무엇인가를 알지 못하는 한 그 과녁을 맞출 수 없다. 피상담자가 하는 말을 알기 전에 너무 빨리 주님께서 하신 말씀으로 나아간다면, 나는 진짜 문제가 무엇인지를 알 수 없게 될 것이다. 그래서 나는 사람들의 이야기를 끌어내기 위해서 인내해야 한다는 사실을 발견했다. 이제 내가 성경을 상담에 어떻게 사용하는지를 제시하고자 한다.

• 정죄하기 위해서가 아니라 새로운 방향을 제시하기 위해서 성경을 사용한다. 이것이 예수님께서 신실한 자들을 돌보실 때 사용하신 방법이다. 그리스도께서는 사람들을 정죄하기 위해서 성경을 사용한 바리새인들과 근본적으로 다른 방식으로 성경을 사용하셨다. 그들은 과거, 즉 이미 저질러진 죄에 초점을 맞췄다. 그리고 하나님의 계명들이 어떻게 그들을 정죄하는가에 초점을 맞췄다.

그리스도께서는 현재와 미래, 어떻게 사람이 하나님과 자신의 관계를 다시 회복할 수 있는가, 그리고 어떻게 그 관계를 유지할 것인가에 초점을 맞추셨다. 그 분은 간음하다 잡힌 여자를 정죄하기를 거부하시고, "가서 다시는 죄를 범하지 말라"고 말씀하셨다. 대부분의 사람들은 자기들이 언제 하나님의 계획을 어기는가를 알고 있다. 그 결과로 일어나는 파괴는 결국 그들에게 변화의 필요성을 직면하게 만든다.

예수님께서는 또한 각 개인에게 민감하셨다. 그 분은 사람들을 친밀하게 이해하시고 그 통찰과 함께 성경을 사용하셨다. 그 분은 사람들로 하여금 그들의 동기와 태도를 이해하도록 도우셨다. 그리고나서 그 분은 용서, 새로운 출발, 새로운 훈련을 제공하셨다.

남편에게 학대를 받고 있었던 아내를 상담했을 때, 나는 우선 신뢰를 쌓아야 했다. 그리고 그녀가 그녀를 학대하거나 이용하지 않는, 권위적인 남자(a masculine authority figure)와 관계를 가지게 만들어야 했다. 우리는 그녀가 위로와 치유를 받을 수 있도록 도움으로써 그녀의 과거를 다루었다.

그녀의 결혼에 관해서 논의하기 위해 모였을 때, 우리는 복종에 대해서 이야기하기 시작했다. 나는 그녀가 학대받기 위해서 복종할 의무가 없음을 분명히 했다. 그러나 나는 그녀에게 성경적인 결혼 모델이 그녀에게 가능한 한 모든 면에서 남편을 공경할 것을 요구하고 있음을 가르쳤다.

그녀는 집에 돌아가서 우리가 말한 것을 실행에 옮기기 위해서 최선을 다했다. 그것은 변화를 초래했다. 최근에 그녀의 남편이 그리스도께 헌신했다. 그리고 그들은 건전한 결혼 생활을 영위하기 시작했다.

●**성경으로 돌아가라.** 몇 해 전에 한 남편과 아내가 상담을 받으러 왔다. 그 아내의 가장 큰 불평은 "제 남편은 필요한 만큼 로맨틱하지를 않아요"라는 것이었다. 그러나 그가 그녀에게 들은 말은 "당신은 필요한 만큼 침실에서 솜씨가 좋지 않아요"라는 것이었다. 로맨틱하다라는 말에 대한 그렇게 좁은 시각에 그는 황당함을 느꼈다. 왜냐하면 그는 성적인 능력에 대해서 자부심을 가지고 있었기 때문이었다.

나는 그녀의 불평을 조사하고, 그녀가 사실은 "남편이 낮 동안 제게 관심을 갖지 않아요"라고 말하고 있었다는 사실을 발견했다. 그녀는 단순한 기대를 하고 있었다. 그녀는 남편이 낮 동안 그녀에게 일어나는 일에 관심을 가진다는 표시로 하루 한번씩 전화를 걸어주기를 바라고 있었다. 그에 덧붙여서, 그녀는 아이를 탁아소에 맡기고 한 달에 한 번씩 밖에서 데이트를 하고 싶어했다. 그러나 그녀는 이 사실을 한 번도 분명하게 전달한 적이 없었던 것이다.

나는 그 남편과 함께 앉아 "로맨스"에 대한 그의 이해를 넓혀 주었다. 그러자 그 두 사람의 관계가 급속히 개선되었다.

사람들은 자기들의 체험에 기초해서 용어들을 이해한다. 그것은 성경

용어들도 마찬가지이다. 그들의 판단 기준과 배경, 그리고 정의들을 이해할 때까지, 나는 자주 성경을 가지고 과녁을 빗나간다. 사실 대부분의 경우에, 만일 내가 사람들이 그 개념들을 어떻게 이해하고 있는가를 검토하지 않은 채로 성경을 가지고 그들에게 "사랑하라"든가 "서로 섬기라"고 곧바로 말한다면, 그들은 결국 좌절감과 정죄감을 느끼게 될 것이다.

나는 종종 피상담자들이 특정한 성경 구절들을 통해서 의미하는 바를 발견한 후에, 그들이 이해한 바와 비교하는 방법을 통해서 그 구절들이 성경의 문맥 안에서 의미하는 바를 설명해 줄 것이다. 그에 덧붙여서, 나는 사람들이 스스로의 힘으로 성경의 진리를 발견할 수 있도록 도와 주려고 애쓴다. 즉 나는 그들에게 과제물을 준다. 내가 여러 해 동안에 걸쳐서 발전시켜 온 학대, 술, 또는 결혼과 가정 등과 같은 적절한 주제들에 대한 과제물을 해 오게 하는 것이다.

소그룹을 전략적으로 사용하라

목사 상담자는 교회 공동체라는 이점을 이용할 수 있다. 목사들은 다른 사람들의 행복을 위해 사랑하고 섬길 수 있는 잠재력을 가진 사람들로 이루어진 그룹들을 인도하고 있다. 그러나 그러한 그룹들이 기능을 발휘하지 못하는 꼼짝할 수 없는 곤경에 빠지게 되기 십상이기 때문에, 나는 전략적으로 그 그룹들을 인도한다.

● **나는 참여를 감독한다.** 나는 참여하는 사람들을 감독하지 않은 채로 그룹들을 원조하도록 사람들을 보내거나 그들에게 성경 공부에 참여하라고 요청하지 않는다. 또한 나는 어떤 사람들이 최소한 그룹 모임에 성숙하게 참여할 수 있을 때까지는 그들의 소그룹 참여를 철저히 제한시킨다.

어떤 사람들은 자기들의 상처를 끌어 안고 산다. 그들은 자기들의 문제로 사람들의 주의를 끌어서만 자신을 부각시킬 수 있었을 뿐이다. 그런 사람들은 소그룹에 참석하면 자기의 욕구를 모임의 중심으로 만들어서 결국 모든 사람의 주의와 에너지를 빼앗게 될 것이다.

내가 상담한 한 젊은 여자는 심각할 정도로 기능을 상실한 가정 출신이었다. 그녀는 자기가 갈망한 관심을 얻기 위해서 위기 상황들을 일으켰다. 그것이 부모가 그녀에게 관심을 기울인 유일한 시간들이었다. 그녀는 술을 마시는 문제를 발전시켰고, 그런 후에는 자기를 이용한 남자들과 데이트하는 행동 방식을 발전시켰다.

그녀는 동일한 행동방식을 교회에 그대로 가지고 왔다. 그녀가 참여한 모든 그룹은 조만간에 그녀에게 온 힘을 기울여야 했다. 그녀는 그것을 좋아했다. 그녀는 사실상 자신의 문제가 해결되기를 바라지 않았다.

나는 그녀가 자기가 빠져 있는 행동 방식을 이해하도록 도와 주고 새로운 행동 방식을 가르쳐 주려고 애썼다. 그러나 그 일은 서서히 진척되었다.

●나는 소그룹이 많이 만들어지도록 돕는다. 소그룹을 발전시키는 데 있어서 우리가 주되게 사용하는 형태는 우리가 관심 서클들(Circles of Concern)이라고 부르는 것이다. 우리는 (1) 그 문제에 대한 유익한 정보를 제공하고, (2) 공통적인 어려움을 직면하고 있는 사람들간의 상호 작용을 격려하는 것을 목표로 어떤 특정한 문제를 논의하기 위해 한 달 동안 화요일마다 모임을 가진다.

우리는 연로한 부모를 어떻게 모셔야 하는가에 관해서 결정을 내려야 하는 사람들을 위해 하나의 관심 서클을 계획했다. 우리는 첫번째 화요일에 노인병 전문 의사를 초청해서 그 그룹을 대상으로 강의를 하게 하였다. 두번째 주에는 우리 지역에서 네 곳의 요양소를 관리하는 관리자가 사랑하는 사람을 그런 요양소에 모시는 데 따르는 법적, 재정적 요인들에 대해서 이야기했다. 세번째 주에는 하나님께서 나이가 들어가는 과정을 어떻게 생각하시는가와, 연로한 사람들에 대해 우리가 민감해야 한다는 사실에 대해서 내가 성경 공부를 가르쳤다. 마지막 화요일에는 이 문제에 대한 결정을 내린 사람들이 자기들의 체험과 배운 교훈들을 토론하는 좌담회를 가졌다.

그러한 전략적이고 의도적인 그룹들이 안겨 준 이익은 그 후에도 계속 이어졌다. 그 특별한 달에 사십 명이 참석했으며, 그들 중 다수가 상호 협조를 위해 소그룹들을 형성했다. 그들은 관심 서클에서 공통적인 화제를 발견했던 것이다.

관심 서클에서 다룬 그밖의 주제들은 다음과 같다. 교회에서 성장했지만 더 이상 그리스도와 동행하지 않는 자녀들, 독신자들, 재정적인 계획, 은퇴, 장기간의 질병, 분노 등의 특별한 감정들, 그리고 결혼(결혼한 직후부터 5년까지 이른 사람들을 위해 한 그룹, 5년에서 15년 된 사람들을 위해 또 한 그룹, 그리고 15년 이상 된 사람들을 위한 마지막 한 그룹).

소그룹의 열쇠는 의도적이 되는 것이다. 우리는 우리가 성취하고자 하는 바를 정확히 알고 있다. 우리는 사람들이 우리가 애쓰는 일이 어떤 것인지를 분명히 알게 한다.

예배 출석을 감독하라

여러 해 전에 몇몇 친구들이 결혼 생활의 위기를 맞은 한 커플을 상담하도록 내게 위임했다. 그들은 결혼한 지 십 년이 지났으며, 두 사람 모두 그리스도인이었다. 하지만 세일즈 맨인 그 남편은 마약을 남용하고 간통을 하는 은밀한 생활 방식을 버리지 못하였다. 한편 그 아내는 이제 막 그 사실을 발견했다. 그들이 내 사무실에 들어 왔을 때, 그녀는 잔뜩 화가 나 있었다.

우리는 폭 넓은 문제들을 다루기 시작했다(일 년 이상이 걸리는 과정이다). 그러나 나는 이 문제가 다른 문제들과 마찬가지로 그들이 고립된 채로 다룰 수 있는 문제가 아니라는 사실을 알고 있었다. 그들은 교회의 지원을 필요로 했으며, 그들을 안정시키기 위해서는 교회 예배의 감화력과 새롭게 함이 필요했다. 그 때 나는 그들이 우리 교회의 생활에 참여하는 것을 감독할 수 있었던 목사임을 감사드렸다.

그들은 처음의 성난 상태를 통과하자 곧바로 교회에 출석하기 시작했다. 다음 한 해 동안 나는 매주 그 아내를 만나서 하나님께서 어떻게 그들의 관계를 회복시키실 수 있으신가를 그녀가 깨달을 수 있도록 점차적으로 도움을 주었다. 그 동안에 나는 매일 성경 공부를 통해서 그 남편을 훈련시켰다. 그들의 결혼은 위험한 환경을 극복하고 결국 위기를 벗어났다. 그후 그들은 행복한 결혼 생활을 누려 왔다.

위기에 처한 사람들이 가능한 모든 영적인 정보를 필요로 하기 때문에, 나는 나의 피상담자들에게 예배에 출석할 것을 주장한다. 내 사무실에서 치유될 수 없는 마음과 생각이 공예배를 통해서는 치유될 수 있다. 예배를 통해서 절망적이고 외로운 사람들이 하나님의 임재와 능력을 지각할 수 있다. 창문을 통해 비치는 그러한 햇빛은 특히 하나님으로부터 거리를 느끼고 있는 사람들, 문제들 때문에 그 분으로부터 멀어져 있는 사람들에게 필수적이다.

그러나 피상담자들을 교회에 나오게 하기 위해서는 종종 팔꿈치로 그들의 옆구리를 슬쩍 찌르는 것이 필요하다. "주일날 당신이 오셨는지 찾아 보겠습니다"라는 단순한 말이 도움이 된다. 나는 어떤 사람들에게 나중에 나와 아내와 함께 점심 식사를 하자고 제안함으로써 환심을 산다(내 아내는 나의 사역에 도움을 주는 상담의 재능을 가지고 있다).

종종 나는 비슷한 문제들을 가지고 있는 사람에게 그들을 소개할 것이다. 그런 친구와 함께 교회에 출석하는 것은 교회가 위협적이라는 감정과 다정하게 초청한다는 감정간의 차이를 낳을 수 있다. 그 관계 안으로 들어가는 것을 용이하게 만들기 위해서, 나는 우리 세 사람이 함께 모이게 할 수도 있다. 목회 상담자는 망상 조직을 만드는 지극히 중요한 역할을 어느 누구보다도 잘 성취할 수 있다.

피상담자들이 교회에 참여하는 것은 두 가지 장애물을 제기한다. 나는 두 번 정도 상담이 지난 후에 보통 피상담자에게 이렇게 말한다. "여러분이 주일 아침에 회중 가운데 앉아, '그가 나를 겨냥하여 설교를 하고 있어.' 또는 '그가 이 사람들에게 내 문제를 알게 할거야'라고 생각하게 될 때가 곧 올 겁니다. 하지만 그런 일은 일어나지 않을 겁니다. 저는 성경을 통해서 설교하는 정상적인 과정 가운데, 항상 회중 가운데 많은 사람들이 가지고 있는 문제들을 다룹니다. 제가 여러분을 위험에 처하게 한다고 생각하지 마십시오. 만일 여러분이 제가 그렇게 하고 있다고 생각하신다면, 와서 제게 말씀해 주십시오."

나는 또한 그들에게 이렇게 말한다. "그런 후에 여러분이 위기를 지나서 '강단에 서 있는 저 사람은 이 세상 누구보다 나에 관한 개인적인 일들을 많이 알고 있어'라고 생각하게 될 때가 올 겁니다. 그 때 여러분은 마음이 편치 않으실 겁니다. 여러분은 마치 가방을 꾸려, 다른 곳으로 옮겨, 다시 시작하고 싶은 생각이 드실 겁니다. 하지만 여러분은 그런 생각을 거부해야 합니다. 제가 여러분에 관해서 아는 것은 떠나는 것이 아니라 신뢰와 강력한 관계를 위한 기초가 되어야 합니다."

나는 또한 사람들이 떠나려는 조짐들을 관찰한다. 만일 그들이 떠나려고 있다면, 나는 즉시 그들을 접촉하고 그들을 돌이키기 위해 애쓴다.

나는 은밀하게 간음과 마약에 빠져 있었던 그 세일즈맨이 어떻게 매일 성경 공부라는 영적 훈련을 시작하게 되었는지를 언급했다. 그는 처음에는 사실 마지 못해 그렇게 했다. 그는 성경이 자기의 사고 방식을 재형성하고, 전에는 거부할 수 없었던 것을 거부할 수 있게 그의 의지를 강화시켜 주었음을 믿고 있다. 인생을 지배하는 습관들은 쉽사리 깨지지 않는다. 그러나 그 습관들은 사람들이 강력한 자원들을 스스로 사용할 수 있을 때 사라지고 만다.

상담을 위한 영적인 자원들은 자동적으로 효과를 나타내지는 않지만, 초자연적인 효과를 나타낸다. 그 자원들은 지혜와 함께 사용될 때 "혼과 영과 및 골수를 쪼개기까지 하며"라는 성경 말씀처럼 한 인격체의 본질을 쪼개며, 다른 방법들로는 접촉할 수 없는 부분을 치유한다 나는 그 자원들 없이는 어느 누구도 상담하고 싶지 않다.

다른 사람과 함께 상담실에 앉아 있을 때, 우리는 교회와 예수 그리
스도의 선하신 이름을 대표한다.

-짐 스미스

제 2장
윤리적으로 돌봄을 제공하라

그것은 도덕적, 윤리적 지뢰밭이었으며, 워렌 목사(Pastor Warren)
가 그 중앙을 통과하고 있었다. 갈 수 있는 모든 길이 재난을 향하고 있
는 것처럼 보였다.

워렌 목사의 회중 중의 한 사람인 저명한 학교 행정가, 마이클 토마스
(Michael Thomas)가 장로로 지명 추천되었다. 그는 틀림없이 장로로
피택될 것처럼 보였다. 그가 활동적이고, 교회와 공동체 내에서 존경받
는 인물이었기 때문이다. 그는 이미 한 기독교 학교와 시내 박물관의 이
사 자리에 앉아 있었다.

그러나 워렌 목사는 공동체 내의 극소수만이 알고 있는 토마스에 관한 사실들을 알고 있었다. 그것은 토마스와 그의 아내가 그에게 상담을 받으러 왔었기 때문이었다. 워렌 목사는 이 사람이 이중인격자임을 알고 있었다. 공적으로, 그는 학식 있고, 존경받고, 사회적인 의식을 갖춘 공동체 지도자였다. 반면에 사적으로, 그는 파괴적이고, 여자를 쫓아다니며, 술을 즐기는 남편이었다. 워렌 목사는 토마스가 포르노와 섹스, 술, 그리고 아내와 두 자녀를 심리적으로 학대하는 데 빠져 있음을 알고 있었다. 그러나 토마스의 어두운 부분에 대한 그의 지식은 "고해실의 비밀성"(confidentiality of the confessional)에 의해 감춰져 있었다.

어떻게 그가 토마스 가족과의 신뢰 관계와 목사이자 상담자로서의 스스로의 양심을 무너뜨리지 않은 채로 토마스가 장로로 선출되는 것을 막을 수 있었을까? 선거 위원회에서의 역할이 권면하는 일에 제한되어 있는(선거 정책에 따라서) 워렌 목사는 다른 사람들의 이름을 제안하거나 토마스가 너무 바빠서 업무를 감당하지 못할지도 모른다고 말하는 등 나름대로 애를 썼지만—아무 소용이 없었다. 결국 토마스의 지명은 선거위원회를 통과하여 신도 모임에서 만장일치로 승인을 받았다. 가장 골치 아픈 것은 교육자라는 그의 배경 때문에 그에게 어린아이들과 청년들을 돌보는 책임이 맡겨졌다는 것이었다.

일년 반 후, 토마스 장로가 교회의 한 여자를 유혹하고, 몇 명의 다른 여자들을 지분거렸다는 주장이 표면에 부각되었을 때, 그 교회가 그 스캔들에 의해 흔들리게 되었다. 더욱이 그는 청년부의 저녁 프로그램 도중에 화를 내고 한 여고생의 뺨을 때렸다. 워렌 목사는 교회를 대상으로 소송을 제기하지 않도록 그 학생의 비교인 부모들을 설득해야만 했다. 토마스는 장로직을 사임하고 회원 명부에서 제적되었다.

세상은 점점 더 교회와 목사들에게 위험한 곳이 되어가고 있다. 한 때 목사가 문제를 안고 있는 교구민과 함께 한 시간 동안 상담하고 기도할 수 있는 안전한 안식처였던 상담실은 도덕적인 고뇌와 법적인 책임의 원천이 되어 왔다. 모든 문제가 위에서 언급한 문제처럼 극적이지는 않지만, 인간 관계 상담에 있어서의 윤리의 문제가 오늘 날 만큼 중요했던 적은 결코 없었다.

신뢰를 쌓고 유지하는 것은 피상담자들과의 윤리적인 관계를 유지하는 열쇠이다. 내가 나에 대한 그들의 신뢰를 침해하는 일들을 할 때, 나는 비윤리적이거나 곧 비윤리적이 될 수 있는 일을 하고 있을 가능성이 있다. 여기에 내가 신뢰를 쌓고 상담하는 사람들과의 건전한 관계를 확보하는 데 사용하는 몇 가지 방법이 있다.

한계들을 정하라

첫째로, 나는 윤리적인 행동을 격려하기 위해 한계들을 정해야 한다. 여기에 내가 나의 사역 주위에 정한 몇 가지 한계가 있다.

●**예의바른 모습.** 목사에게 있어서, "흠잡을 수 없는" 예의바른 모습은 예의바름 그 자체 만큼이나 중요하다.

나는 정식으로 상담을 하는 상황 중에 피상담자와 단 둘이 있지 않는 것을 정책으로 삼고 있다. 나는 다른 누군가―비서나 교역자 중 한 사람―가 가까이 있지 않는 한 피상담자와 함께 자리하지 않는다. 여자 피상담자의 가정으로 방문하는 드문 경우에, 나는 아내를 데리고 간다. 그녀가 그 만남의 자리에 함께 앉아 있지 않을 수도 있다. 하지만 그녀가 가까운 방에 있다는 사실은 예의바른 모습을 보장해 주는 데 도움을 준다.

만일 누군가가 내게 전화를 걸어 "제 아내가 당신에게 상담을 받을 예정입니까?"라고 묻는다면, 나는 언제나 "그 질문에 답해드릴 수 없습니다. 제 상담 스케줄이 공적인 정보가 아니기 때문입니다"라고 대답한다. 나는 그 배우자가 나를 만나러 오지 않을 경우에도 그렇게 답변한다. 그렇지 않을 경우에, 그 답변은 속이 들여다 보이는 긍정적인 답변이 되고 말 것이기 때문이다.

종종 피상담자들은 상담실 외부의 다른 사람들에게 빤히 속이 들여다 보이는 방식으로 상담자들에게 감정적인 애착심을 느끼게 될 것이다. 종종 피상담자들은 상담자들과 특별히 친밀하다고 느끼며, 온당치 않은 관심을 드러낸다. 이러한 종류의 행동은 가능한 한 빨리, 솔직하고도 은밀하게 대처되어야 한다.

●**상담의 부담을 제한하라.** 나는 또한 정식 상담을 위해 할당하는 시간의 양을 제한한다. 이용 가능한 상담 시간은 목사마다, 교회마다 다를 것이다. 그러나 나는 상담이 그의 가장 중요한 책임이 아닌 한, 일주일에 열 시간 이상을 상담에 바치는 것이 목사의 정신 건강에 좋지 않다는 사실을 지적하고 싶다.

보통 목사는 일주일에 사십 시간에서 육십 시간 정도 일할 것이다. 따라서 상담하는 시간은 설교 준비, 행정, 회의들, 교역자 모임, 복사기 수리, 그리고 그 직무상 수행해야 하는 모든 일을 고려할 때 전체 시간의 오분의 일 내지 육분의 일 정도 되는 시간이다. 나는 시간을 제한하지 않았기 때문에 상담의 부담으로 완전히 지쳐버린 목사들을 알고 있다. 그들은 설교를 위해 연구할 시간을 가질 수 없으며 가정도 제대로 돌보지 못한다. 다른 사람들의 문제를 해결하기 위해 너무 바쁜 나머지 그들 스스로의 삶이 산산조각 나고 있는 것이다.

개인들과 함께 일하게 될 때, 나는 그밖의 몇 가지 한계들을 분명히 정한다.

●**진지한 상담은 사무실에서 이루어진다.** 목회자로서의 역할을 수행하는 중에 누군가의 문제를 듣고, 권면이나 충고의 말을 몇 마디 하고, 격려와 위로가 되는 성경 구절을 제공하도록 부름을 받는 때가 종종 있다. 방금 사랑하는 사람을 잃은 사람의 집에 들어 갈 때, 또는 점심을 먹으로 식당에 갔다가 교회 신도를 만날 때, 상담의 요소가 개입된다. 또한 교회 신도가 복도에서 나를 만나 일 이 분 동안 자기 말을 들어 주기를 바랄 때에도 상담의 요소가 개입된다.

그러나 이런 상황들은 정식 상담의 상황들이 아니다. 그것들은 내가 목사이자 친구로서 모습을 나타내야 하는 상황들인 것이다.

그러나 종종 나는 그 교회 신도가 장례를 치루는 가정이나 주차장, 또는 전화 상으로 대화를 나누고 싶어하는 문제들이 더 많은 시간과 전문적인 환경을 요구한다는 사실을 발견하게 된다. 그런 때 나는 피상담자와 더불어 분명한 제한과 근본 규칙들을 세우는 것이 유익하다는 사실을 발견하게 된다.

나는 이렇게 말할 수 있다. "나는 이것이 당신에게 깊고도 곤란한 문제임을 알고 있습니다. 화요일 두 시쯤에 만나면 어떨까요?"

내가 상담실의 보다 형식적인 한계들 내에서 유지하고자 하는 문제들은 혼전 상담, 결혼과 가정 상담, 직업 전환 문제, 중독과 충동적인 행동의 문제들, 우울증과 그밖의 감정적인 문제들, 그리고 깊고도 도덕적인 문제들(어떤 사람이 커다란 실수 후에 하나님의 용서와 은총을 확신할 필요가 있을 때와 같은)을 포함한다.

나는 분명한 한계 내에서 정식 상담의 조직적 뼈대를 만드는 것이 필요한 중요한 실제적인 이유들이 있음을 발견해 왔다. 전문적인 한계들은 문제들을 해결하는 데 있어서 목사와 교구민의 친교 관계라는 덜 형식적인 분위기와는 다른 분위기를 창출해낸다. 사무실이라는 환경 내에서는 상담이 정시에 시작되어 정시에 끝나며, 상담 시간이 일반적인 문제들에 대한 잡담을 늘어놓는 것보다는 실제적인 감정과 문제들을 다루는 데 생산적으로 사용된다는 데 대한 동의가 존재한다.

만일 피상담자가 문제 주위만 맴돌거나 주제로부터 벗어날 때, 나는 이렇게 말할 수 있다. "아시다시피, 우리가 가진 시간은 한 시간뿐입니다. 그러니 실제 문제를 다루고 싶군요." 내 체험에 의하면 사람들은 자기가 무제한적인 시간을 가지고 있다고 느낄 때, 그 시간을 취한다. 그것은 피상담자의 회복을 방해하고 나 자신의 스케줄을 혼란에 빠뜨릴 뿐이다.

● **시간이 제한된다.** 정식 상담은 언제나 약속을 요구하고, 일련의 정

해진 시간을 포함해야 하며, 한 시간을 초과해서는 안된다. 만일 어떤 문제가 그보다 더 집중적인 상담을 요구한다면, 대부분의 목사들은 피상담자를 정신과 의사, 심리학자에게 위임해야 한다.

•**때로 계약이 사용된다.** 어떤 경우에는 상담자와 피상담자 사이에 "기록된" 계약서를 작성하는 것이 유익할 수도 있다. 그것은 난해한 법률 용어로 서명되고 공증된 장문의 문서일 필요가 없다. 그것은 단지 상담 날짜와 시간을 간단히 기록하고, "아무개 씨는 이런 저런 책을 읽고, 날마다 일기를 쓰고, 자신의 통찰과 감정과 문제들을 논의할 준비를 갖출 것입니다"와 같은 내용을 포함하면 되는 것이다.

이것들이 내가 그 자체로 윤리적인 행동을 강력하게 촉진하는 몇 가지 영역이다. 그러나 그 제한이 보다 더 분명한 그밖의 영역들이 있다. 각 상담자는 상담 중에 일어나는 핵심적인 윤리적 딜레마들을 어떻게 다룰 것인지를 결정해야 한다. 나는 그 딜레마들을 이렇게 다룬다.

헌금과 선물

교구민들은 자기 목사들을 위해서 좋은 일을 하고 싶어한다. 그들은 특정한 한계 내에서 그렇게 할 수 있어야 한다. 그러나 그 교구민이 피상담자이기도 할 때, 추가되는 문제가 있다 : 만일 피상담자가 감정적인 집착 때문에 헌금을 한다면 어떤가? 분명한 사실은 그러한 상황 하에서 그 헌금을 받아들일 경우에, 그것이 그런 종류의 집착을 조장할 뿐이라는 것이다.

나는 가장 안전한 과정이 피상담자의 어떤 종류의 선물도 정중하게 사양하는 것이라고 생각한다.

예를 들어, 내가 상담하고 있었던 한 여자가 좋은 넥타이를 가지고 왔다. 그것이 지나치게 비싼 선물이 아니고, 감사의 뜻 이상이 담겨 있지 않음이 분명했지만, 그럼에도 불구하고 나는 그녀에게 그 사실을 이야기해야만 했다. 직업 윤리상 나는 그 선물을 받을 수가 없었던 것이다. 내가 "감사합니다. 하지만 선물은 상담 관계의 직업적인 성격 상 혼란이나 타협을 초래하는 경향이 있습니다"라고 설명했을 때, 그녀는 이해하고 내 설명을 받아들였다.

물론 예외가 있다. 내가 한 때 상담했던 한 커플이 내 책상 위에 놓고 쓰도록 멋진 메모장을 선물했다. 우리의 마지막 상담이 끝난 지 일 년 쯤 지났고, 우리가 상담자-피상담자 관계에서 목사-교구민 관계로 바뀌었다고 생각했기 때문에 나는 그 선물을 받아들였다. 그렇다 할지라도 그것은 회색 지대였다. 나는 내가 상담한 누군가로부터 선물을 받을 때 언제나 조심스럽게 윤리적인 고려 사항들을 저울질해 본다.

그것은 또한 선물의 성격에도 달려 있다. 현금이나 향수, 쉐이브 로숀, 옷이나 보석처럼 비싸고 사적인 선물은 언제나 사절한다. 그러나 만일 그 선물이 윤리적인 지침(위에 언급한 것 같은)을 벗어나지 않을 경우에, 나는 책이나 내 이름을 밝힌 자선 헌금 따위의 보다 덜 사적인 선물을 받을 수도 있다.

분명히 나는 큰 액수의 현금을 선물로 받지 않을 것이다. 우리 교회에는 목회 상담에 부과되는 요금이 있다. 따라서 사람들은 자기가 받은 봉사에 대한 대금을 지불한다고 생각하기 때문에 내게 돈을 주는 경우가 드물다. 그런데도 여전히 다음과 같이 말할 사람이 종종 있을 것이다. "목사님, 정말 큰 도움이 되어 주셨습니다. 언제나 이런 일을 해결하기가 쉽지 않다는 것을 잘 알고 있습니다. 그러니 여기 500 불이 있습니다."

나는 그 현금을 받는 목사가 어리석다고 생각한다. 그 선물을 준 사람은 조만간에 그 목사에게 돌아 오거나 전화를 거는 사람이 될 것이다. 왜냐하면 그 목사가 선물을 준 사람에게 빚을 지고 있기 때문이다.

상담자는 종종 피상담자를 만나 이렇게 말해야 한다. "정도(正道)를 벗어나셨습니다. 당신의 생각과 행동을 바꾸실 필요가 있습니다. "만일 여러분이 피상담자에게 빚을 지고 있다면, 그는 거의 분명히 그 빚을 여러분에게 들이대며 이렇게 말할 것이다. "나는 우리가 친군 줄 알았습니다. 제가 한 일이 있을진데 어떻게 제게 그렇게 말씀하실 수 있지요? 그건 당신이 제게 감사할 일인데 말입니다."

피상담자로부터 선물을 받는 것은 가장 노골적인 형태로 이해 관계가 상충되는 일이며, 대부분의 경우 그것은 거절되어야 한다.

비밀 보장

몇 해 전에 나는 결혼 생활 중에 심각한 갈등을 겪고 있던 플린 부부 (the Flynns)를 상담한 적이 있다. 결국 그들은 이혼했다. 플린은 재혼했는데, 몇 달 후에 그의 두번째 아내가 의혹스러운 상황 하에서 죽임을 당했다. 경찰 측의 한 형사가 내게 아무런 소송이 걸리지 않았음에도 불구하고 나를 조사했다. 형사의 질문에 답변하는 중에 나는 비밀을 지켜야 할 사실을 누설하지 않으려고 조심했다. 나는 다만 그가 첫번째 아내로부터 얻은 정보를 확인해 주는 데 그쳤다. 그것은 그녀가 내게 밝히도록 허락한 사실들이었다.

얼마 후에 플린이 세번째 여자와 약혼했다. 그녀는 우연히도 첫번째 아내의 친구였다. 플린의 첫째 부인이 그녀에게 이렇게 말했다. "넌 지금 무슨 일을 하려고 하는지 모르고 있어. 내 전 남편은 위험한 사람이야. 내 말을 믿지 못하겠다면, 최소한 짐 스미스 목사님하고 이야기를 나눠 봐." 그래서 그 세번째 여자가 내게 전화를 걸어 나를 윤리적, 법적으로 어려운 상황에 몰아넣었다.

나는 내가 플린과의 상담으로부터 알게 된 사실에 관해 아무 것도 밝힐 수 없었다. 그러나 내게는 이 세번째 여자에게 관심을 가질 만한 매우 타당한 이유가 있었다. 그래서 나는 내가 사용한 말을 주의 깊게 선택했다. 나는 그녀에게 이렇게 말했다. "저는 상담을 통해서 알게 된 사실을 자유롭게 밝힐 수 없습니다. 하지만 저는 당신이 가능한 한 주의를 기울이실 것과 그 관계를 객관적으로 살피실 것을 권고해 드릴 수는 있습니다."

비밀 보장은 목사-피상담자 관계의 가장 어려운 윤리적 문제일 것이다. 비밀 보장은 상담실 내에서 지극히 중요하다. 하지만 그 신뢰감을 깨뜨리기란 무척이나 쉬운 일이다. 나는 최소한 네 가지 방식으로 비밀 보장의 딜레마를 직면하는 스스로의 모습을 발견하게 된다.

●**교회 문제들.** 상담자의 역할에 따르는 윤리적인 요구 조건들은 종종 이 장을 시작했을 때 언급한 이야기에서처럼 목사의 역할에 따르는 요구 조건들과 직접적으로 충돌한다. 워렌 목사는 마이클 토마스가 장로로서 섬기기에 부적합하다는 사실을 알고 있었다. 하지만 그가 토마스와의 상담 관계의 비밀성을 어기지 않고 어떻게 지명 위원회에게 자기가 알고 있는 사실을 전달할 수 있었겠는가?

그 질문에 대한 쉬운 답변은 없다. 하지만 목사들이 효과적인 것으로 발견해 온 한가지 방침은 다음과 같은 것이다. "저는 마이클 토마스를 매우 잘 알고 있습니다. 저는 지금 당장 그가 생활 상 겪고 있는 어떤 문제들 때문에 이 역할에 참여하는 것은 시기상 좋지 않다는 사실을 알고 있습니다. 우리는 그의 이름을 고려할 수는 있습니다. 그러나 이번에는 그에게 이런 책임을 맡겨서 부담을 주지 않는 것이 좋을 듯 싶습니다."

그 문제들이 무엇인가에 대해서는 전혀 암시할 필요가 없다. 그리고 상담 중에 표면에 부각된 사실을 알릴 필요도 없다. 이런 접근 방식에 있어서, 토마스가 그 직분에 합당한가에 대한 의견들은 애매하고, 불확실하고, 판단이 개입되지 않은 것이어야 한다. 혹자는 더 자세한 내용을 물을 것이다. 그러나 그 목사는 자기 입장을 굽혀서는 안된다. 원래의 진술을 넘어서는 말을 해서는 안되는 것이다.

만일 그 지명 위원회가 여전히 더 자세히 알기를 원한다면, 그 목사는 마이클 토마스와 대화를 나누고 그 직분을 받아들이지 말도록 요청할 수 있었다. 그러나 만일 토마스가 여전히 장로로 선출되기를 고집한다면, 내 의견으로는 그 목사에게는 토마스가 장로로 선출되게 내버려 두는 것

외의 아무런 선택의 여지가 없다. 사람들의 장 기간의 신뢰를 생각할 때, 우리는 종종 그러한 결과들을 위험에 맡겨야 한다. 그러나 인정해야 할 사실은 그것이 고통스러운 선택이라는 것이다.

혹자는 이것이 비밀 보장의 규칙이 어겨져야만 하는 분명한 경우라고 말하면서 동의하지 않을 것이다. 그러면 나는 이렇게 대답한다. 누군가가 긴급한 위험에 빠져 있거나 법이 요구하지 않는 한, 비밀 보장은 반드시 유지되어야 한다.

나는 목사 / 상담자로서 본질적으로 피상담자에게 세 가지를 제공한다. 무조건적인 용납, 훈련된 통찰, 그리고 신뢰의 분위기가 그것이다. 만일 사람들이 나를 신뢰할 수 없다면, 나는 할 일을 하지 못한다. 더 이상 아무도 나를 신뢰하지 않을 것이기 때문이다.

●**합의와 소개.** 그러나 내가 피상담자들에 관해서 반드시 이야기해야 하는 사람들이 있다. 그러나 나는 그렇게 하기 전에 항상 그 사람의 승락을 받는다. 종종 나는 나의 훈련과 능력을 초월한 문제를 갖고 있는 사람들을 대하게 된다. 그렇기 때문에 나는 다른 교역자 또는 외부의 인적 자원과 의논할 필요가 있다.

따라서 나는 모든 상담 과정이 시작될 때, 피상담자에게 다른 전문가들과 의논할 수 있도록 허락하는 계약서를 작성해 줄 것을 요청한다. 나는 또한 누군가와 의논할 필요가 있을 때 피상담자에게 그 사실을 분명히 전달한다.

나는 이렇게 말할 것이다. "당신이 다루고 있는 어떤 문제들은 저의 경험과 훈련을 초월합니다. 제가 아무개와 함께 이 문제에 관해 의논할 수 있도록 허락해 주시겠습니까?" 만일 그가 허락할 수 없다고 대답한다면, 나는 이렇게 말한다. "그러세요. 그렇다면 당신의 의견을 존중해야겠군요. 하지만 당신은 제가 더 이상 당신을 도울 수 없는 지경에 이르렀다는 사실을 아셔야 합니다."

그 밖의 경우에, 나는 피상담자를 어떤 지원 그룹에게 소개할 필요가 있을지도 모른다고 생각하게 된다. 그럴 때 나는 이렇게 말할 것이다. "저는 당신이 이 그룹에 참여하심으로써 많은 혜택을 받게 되시리라고 생각합니다. 하지만 그들은 당신을 받아들이기에 앞서 당신에 관해서 알고 싶어할 겁니다. 제가 자유롭게 그들과 함께 나눌 수 있는 것이 무엇일까요?"

● **가정 상담.** 비밀 보장의 가장 다루기 힘든 측면이 가정 상담에서 야기된다. 여러분은 한 사람 또는 두 사람의 부모와 하나 또는 그 이상의 자녀를 대하고 있다. 그리고 그들은 나름대로의 문제를 안고 있다. 그리고 그들은 각자 상담자의 비밀 보장을 받아 마땅하다. 나는 고통스러운 상황이 닥친다 할지라도 비밀을 누설하지 않을 것이다.

예를 들어, 목사가 두 사람의 부모와 그들의 십대 아들을 상담하고 있다면, 그리고 그 아들이 상담자에게 확신을 가지고 "저는 가출할 거예요"라고 말한다면, 나는 그 목사가 윤리적으로 이 사실을 그의 부모에게 알리지 말아야 한다고 믿는다.

그러나 그 때, 그 소년이 집을 나간다면, 그 부모들은 아마 목사에게 이렇게 물을 것이다. "우리 아이가 목사님에게 집을 나갈 거라고 말했습니까?" 그 목사가 그 사실을 알고 있었음을 인정할 때, 그 부모들은 당연히 화를 낼 것이다. "왜 우리에게 말씀하지 않으셨습니까? 우리가 무슨 일이든 해 볼 수 있었을 텐데요."

목사가 이렇게 말하는 것이 그들에게 약간이나마 위안이 된다. "아드님이 저를 믿고 그 사실을 이야기했고, 저는 그 신뢰를 어길 수 없었습니다."

또는 그보다 더 비통한 상황을 생각해 보자. 그 아들이 그 목사를 믿고 자기가 위험한 마약을 습관적으로 남용하고 있다고 이야기 한다고 하자. 현명하고 성실한 목사라면 힘이 닿는대로 최선을 다해서 그 아들의 부모에게 그 사실을 말할 수 있도록 허락을 받으려 할 것이다. 그러나 그 허락이 없다면, 피상담자가 미성년이라 할지라도 그 비밀은 지켜져야 한다.

● **고의가 아닌 누설.** 나는 또한 우발적으로 비밀을 누설할 수 있다는 사실을 인식해야 한다. 그것은 종종 공적인 정보와 사적인 정보간에 분명한 선이 있기 때문이다.

예를 들어, 내 교구민 중 한 사람인 메이플즈 부인(Mrs. Maples)이 수술을 받기 위해 병원에 갔다. 그녀가 병원에 있다는 것은 공적인 정보였다. 그리고 주일 날 그 사실이 광고되었기 때문에 회중이 그녀를 위해 기도할 수 있었다. 그러나 메이플즈 부인은 자기가 받게 될 수술이 어떤 건지를 알리지 말아달라고 요청했다. 나는 그 요청을 몇 달 동안 존중했는데―그만 그것을 누설하고 말았다.

또 한 사람의 교구민인 베이커 부인(Mrs. Baker)이 같은 수술을 받기 위해 병원에 갔다. 그녀는 자기의 건강 상태를 매우 우려하고 있었다. 그래서 나는 메이플즈 부인이 그 수술에 관해서 나와 함께 나눈 이야기 중에서 베이커 부인의 마음을 편안하게 만들어 줄 수 있으리라고 생각되는 것들을 생각해냈다.

나는 이렇게 말했다. "메이플즈 부인이 몇 달 전에 병원에 입원했던 일을 기억하십니까? 그녀도 당신이 받을 수술과 같은 수술을 받았는데, 그녀가 이런 사실을 발견했습니다." 나는 후에 메이플즈 부인이 그 사실을 밝히지 말아달라고 요청한 사실을 기억했다.

나는 즉시 메이플즈 부인에게 전화를 걸어 내가 한 일에 대해서 이야기했다. 나는 이렇게 말했다. "죄송합니다. 정말 당혹스럽습니다. 놀라게 해드린데 대해서 사과드립니다." 그녀는 매우 이해심이 깊었으며, 자기에게 아무 해도 없었다고 말했다. 그러나 그것은 사적으로 나눈 정보를 누설한 것이었다. 내게는 그 정보를 다른 사람과 나눌 수 있는 권리가 없는 것이었다.

좋은 설교 예화를 위해서 의도적으로 비밀을 누설할 목사는 많지 않을 것이다. 그러나 종종 우리는 무심코 그렇게 한다. 나는 결코 "저는 언젠가 제게 ……라고 말한 한 여자와 상담을 한 적이 있습니다"라는 말로 시작되는 이야기를 하지 않는다. 그것은 너무나 구체적이어서 사람들로 하여금 방을 돌아 보고 내게 그런 말을 한 사람이 누군가를 생각하게 만든다. 그 대신에, 나는 일반적인 관찰을 이야기한다. "사람들은 종종 이렇게 말합니다……."

또한 나는 강단에서 "존과 메리라고 부르는 커플에 관해 말씀드리겠습니다……"라는 말로 시작되는 이야기를 말하지도 않는다. 그러한 가명들은 통찰력 있는 사람들에 의해 너무나 자주 파악된다(특히 신도 수가 적을 경우). 더 나쁜 것은 그것이 피상담자들로 하여금 비난을 받기가 쉽다고 느끼게 만들고, 다음 주 설교 예화에 자기가 오르지 않을까 걱정하게 만든다.

또한 내가 목요일 오후에 월터스 부부(Mr. and Mrs. Walters)를 상담해 왔다면, 나는 주일 아침에 그들에게 인사를 하러 마중 나가지 않는다. 나는 내가 상담해 온 사람들에게 특별한 주의를 기울이지 않도록 각별히 노력한다. 사람들이 나를 상담자로 보고 있다는 사실은 사적인 문제이다. 만일 내가 교회의 한 신도에게 특별히 주의를 기울여서 다른 누군가로 하여금 그 사실로부터 내가 그 신도를 직업적으로 만나고 있음을 추측할 수 있게 만든다면, 나는 비밀을 누설한 것이 되는 것이다.

비밀 보장에 대해서 한 마디 더 이야기하고자 한다. 비밀 보장의 윤리는 상담을 하는 목사에게 커다란 위험과 감정적인 짐을 안겨 줄 수 있다. 우리 상담자들은 사람들의 삶에 가장 폭발적이고 파괴적인 결과를 초래할 잠재력을 가지고 있는 비밀들을 우리 영혼 가운데 지니고 다닌다. 그 비밀들을 우리와 함께 나눈 사람들은 우리가 알고 있다는 사실을 알고 있다. 그리고 때가 되면, 그 사람들 중 일부가 우리가 우리가 알고 있는 내용을 알고 있다는 사실에 분개하기 시작할 수 있을 것이다.

목사는 감정적인 위기를 통과하는 교구민을 돌본다. 한 동안은 그 교구민이 목사의 도움과 통찰에 대해 고마운 마음을 가진다. 그런데 시간이 흐름에 따라 그 교구민이 목사에게 등을 돌리고 목사를 부당하게 공개적으로 비난할 수도 있다. 그 목사는 진실을 알고 있지만 그것을 말할 수 없는 채로 그저 앉아서 욕을 먹고 있을 수밖에 없다. 이러한 문제에 대한 즐거운 해결책은 없다. 그것은 단지 직업상 피할 수 없는 골치거리일 뿐인 것이다.

일부 법적인 고려 사항들

노스 캐롤라이나(North Carolina)의 한 목사가 그가 한 설교 때문에 고소를 당했다.

내 고향 텍사스 주에서는 목사가 상담실에서 비밀리에 들은 문제들에 대해서 증언하기를 거부할 경우에 법정 모욕죄로 투옥된다.

(텍사스에서는 증언 거부 특권을 소유한 유일한 직업이 변호사업뿐이다. 만일 여러분이 텍사스에서 활동하는 전문 상담자라면, 여러분은 소환을 받는다 하더라도 외부인이 알아 볼 수 없도록 여러분의 문서들을 오전[誤傳]하거나 암호화하기를 배워야 한다.)

목사 직은 우리를 온갖 형태의 법적인 책임에 노출시킨다. 그러므로 우리는 다음과 같은 영역들을 인식하고 있어야 한다.

●**비밀 보장에 대한 법적 제한들.** 사람들은 상담자의 비밀 보장에 대한 약속을 윤리적, 법적으로 초월하는 세가지 문제를 상담실로 가지고 온다. 우리 상담자들은 이러한 문제들을 덮어 주기보다는 누설하도록 요구받고 있다. 왜냐하면 그 문제들이 잠재적인 폭력 행위를 내포하고 있기 때문이다. 이 문제들은 다음과 같다.

1. 아동 학대
2. 자살 의도
3. 살인 의도

아동 학대는 적절한 사회 당국(그 사회 당국의 이름은 장소마다 다양하지만 일반적으로 아동보호단체 같은 이름을 가진 국가 당국이다)에 보고되어야 한다.

만일 어떤 사람이 자살을 의도하고 있다면, 상담자는 그가 상담자를 다시 만나기 전까지 자살을 기도하지 않으리라고 구두 또는 서면으로 동의하게 만들기 위해 애써야 한다. 만일 그가 동의하지 않는다면, 그 상담자는 그를 국가 병원으로 데리고 가거나 경찰에게 전화를 걸어 그렇게 해달라고 청할 필요가 있다.

만일 어떤 사람이 상담을 통해서 자기가 또 한 사람의 생명을 위협하고 있음을 밝힐 경우에, 상담자는 위협을 받아 온 그 사람에게 이야기를 해줘야 할 윤리적인 의무가 있다. 우리 교회에서는, 상담자가 그런 전화를 할 때 언제나 또 한 사람의 직원으로 하여금 그 전화의 증인이 되게 한다. 그리고 상담자와 그 증인이 서명을 한다.

상황이 어떻든 간에, 그리고 그 상담자가 어떤 행동 과정을 취하든 간에, 후에 그 사건의 시간과 날짜와 성격, 그리고 그 결과로 상담자가 한 일을 간단하게 적은 메모를 작성할 것을 강력하게 추천하는 바이다.

목사/상담자에게 부과되는 법적인 요구들은 엄중하다. 캘리포니아에서 한 교회가 상담자가 피상담자의 자살 의도를 보고하지 않았다는 이유로 고소 당했다(비록 비성공적이었지만). 더욱이 아동 학대 사건을 알고도 보고하지 않는 상담자는 고소당할 뿐 아니라 처벌을 받을 수도 있다.

●**증거 부여.** 목사가 조심스럽게 접근해야 하는 또 한 가지 위험은 법정에서 증거하는 것이다. 목사가 다른 사람들의 법정 싸움에 끌려 들어가는 것은 흔히 있는 일이다. 나는 부모들과 함께 가진 상담 관계 때문에 아동 보호 사례에 대해 증언을 하거나 서면으로 증거하기 위해서 몇 차례 직접 법정에 선 적이 있다.

그런 경우에, 나는 그 부모들로부터 서면으로 된 양도 증서(a release)를 받지 않는 한 증언하기를 거절한다. 대부분의 경우에는, 양 편 부모 모두가 내가 그들 각자에게 좋은 결과를 가져다 줄 수 있으리라고 분명히 믿고 내게 그 양도 증서를 제공해 왔다. 그러나 나는 부모 중 한

편으로부터만 양도 증서를 받을 수 있을 경우에, 그 양도 증서를 준 사람에 관해서만 증언할 뿐이다.

예를 들어, 존스 부인(Mrs. Jones)은 우리가 상담 중에 한 대화 내용을 밝히는 서면으로 된 양도 증서를 내게 주었지만, 존스 씨는 그렇게 하지 않았다. 만일 내가 "존스 씨가 자기 아내를 구타했습니까?"라는 질문을 받는다면, 나는 "존스 부인은 그가 자기를 구타했다고 제게 말했습니다"라고 대답할 것이다. 존스 씨가 내게 자기가 아내를 구타한 사실을 인정한 경우에 조차, 나는 그 사실을 밝힐 수 없다. 그 사실의 비밀성이 보호되고 있으며, 존스 씨가 내게 그 사실을 밝히도록 허락하지 않았기 때문이다.

• **고소.** 목사가 피상담자와 성적인 관계를 맺거나 재정적인 이익을 얻기 위해 피상담자를 이용했을 경우에, 그 목사는 고소를 당하리라고 예상될 것이다(그렇게 되어야 마땅하다). 그러나 목사는 자신의 전문 영역이 아닌 영역 내에서 의견을 제출하려고 시도할 경우에 직무상 과실로 고소를 당할 수도 있다.

사실 사람들은 어떤 이유로든 다른 사람들을 고소할 수 있다. 여러분을 고소한 사람이 패소할 경우에도, 여러분 자신을 변호하는 비용은 엄청나게 비쌀 수 있다. 그것이 충분한 액수의 책임 보험(liability insurance)을 확보해 두어야 하는 이유이다.

요즘 같이 소송하기를 좋아하는 분위기에서는 상담자가 그 직업에 상관 없이 들어야 할 책임 보험금의 보상 범위가 최소한 백만 달러라는 이야기를 들어 왔다. 그 액수에 의문을 제기할 사람이 있겠지만, 우리가 직업적인 능력 때문에 고소를 당할 경우에 개인적인 책임 보험 보상 범위가 대개 우리를 보호해 주지 못하기 때문에, 우리는 어떤 형태든 적절하게 직업적인 책임을 보호할 방침을 분명히 확보하는 것이 현명하다.

중 재

중재라는 말이 우리 문화 가운데 점점 유행하고 있다. 또한 목사들은 폭발하기 쉬운 가정 문제에 개입하도록 빈번히 요청받고 있다. "목사님, 제 남편이 술이 취해서 난폭하게 굴고 있어요! 제발 당장 와주세요!" "목사님, 제 아내가 간통하고 있다는 사실을 발견했습니다. 오셔서 그녀와 그 문제를 해결할 수 있도록 도와 주시겠습니까?" "목사님, 제 십대 아들이 코카인을 사용하고 있어요. 오셔서 그 애와 대화를 좀 나눠 주세요."

그러나 나는 그런 종류의 중재가 유익한 경우를 한 번도 본 적이 없다.

만일 사람들이 고통 중에 있고, 기꺼이 그 고통을 해결하려 한다면, 그들은 내 사무실을 찾아 올 것이고, 그러면 우리는 그렇게 체계가 잡힌 환경 내에서 함께 일할 수 있다. 그러나 만일 그 문제에 연관된 한 당사자가 그 문제를 해결하기 위해 함께 일하려는 동기를 부여받지 않을 경우에, 중재하려고 하는 그 목사는 화약을 지고 불길로 뛰어드는 격이 된다.

경찰관들이 가정의 상황에 개입하기를 싫어하는 충분한 이유가 있다. 그 상황들은 종종 극도로 위험한 상황들(죽음을 초래할 정도로)이다. 나는 중무장한 경찰관을 머뭇거리게 만들 정도의 위험한 상황에 뛰어들고 싶지 않다. 나는 어떤 일을 당하게 될지 전혀 모른다. 게다가 나는 그 사연에 대해서 한 사람의 이야기만을 들었을 뿐이다.

나는 중재의 대안들을 찾으려고 시도한다. 예를 들어, 내가 한 여자를 상담하고 있는데 그녀가 내게 남편과 대화를 나눠 줄 것을 요청한다면, 나는 그에게 전화를 걸어 내 사무실로 와달라고 요청할 수 있다. 나는 이렇게 말할 것이다. "당신의 아내가 나와 상담을 하고 있습니다. 당신의 통찰을 얻을 수 있도록 당신과 함께 대화를 나눌 수 있다면 제가 그녀를 돕기가 훨씬 쉬워질텐데요." 만일 내가 판단적이지 않고 비위협적인 방식으로 그 남편을 만나 대화를 나눈다면, 그리고 그녀를 환자로 언급한다면, 그가 와서 대화를 나눌 가능성이 더 클 것이다. 그러나 그가 단호하게 거절한다면, 나는 억지로 그 상황을 해결하려고 애쓰지 않을 것이다.

나는 상담자가 사람들의 문제에 속하지 않는다고 강력하게 믿는다. 상담자는 외부에서 통찰과 시각, 그리고 격려를 제공할 뿐이다. 상담자가 직간접적으로 피상담자의 문제에 얽혀들자 마자, 그 상담자는 어쩔 수 없이 자기 직업의 윤리적, 법적 한계를 넘어서게 되는 것이다.

무너지기 쉬운 신뢰

아이러니칼하게도 상담 중에 윤리적인 실수를 범하지 않기 위한 최선의 방책은 내게 상담을 받으로 오는 사람들처럼 나 자신도 자기 기만에 빠지고 은밀한 동기에 따라 행동할 수 있는 실수를 범하기 쉬운 인간이라는 사실을 날마다 나 자신에게 일깨우는 것이다. 그러한 깨달음은 나로 하여금 내가 어떤 이유-감정적, 재정적, 또는 자존심이 연관된-에서든지 남자든 여자든, 아무런 피상담자도 이용하고 있지 않음을 확실히 하도록 끊임 없이 나 자신을 검토하게 만든다.

나는 또한 나에 대한 신뢰와 그 신뢰가 얼마나 무너지기 쉬운 것인가를 기억하려고 애쓴다.

나는 최근에 14살 때 교회 상담자에게 유혹을 당한 자넷(Janet)이라는 이름의 젊은 여자의 이야기를 들었다. 그 관계는 여러 해 동안 계속 이어져 왔으며, 이제 32살이 된 자넷은 오래 전에 사역을 떠난 이 남자에게 계속 감정적으로 빠져 있다. 그 관계는 자넷에게 엄청나게 고통스러운 것이었으며 계속 그녀의 감정적 회복을 저지하고 있다.

한 때 상담자였던 이 남자가 사역했던 교회의 담임 목사인 에드워즈 목사(Rev. Edwards)가 그의 상담실에서 여러 차례 자넷을 만났다. 그녀에게 그 교회를 대표한 그는 그녀에게 그가 한 일을 용서해 달라고 요청했다. 그녀의 삶에 약간의 치유가 일어났다. 그러나 문제는 그녀가 이 파괴적인 남자에 대한 감정적인 끈을 끊기에 충분할 정도로 강해질 것인가의 여부에 달려 있다.

또 다른 사람과 상담실에 앉아 있을 때, 우리는 교회와 예수 그리스도의 선하신 이름을 대표하고 있다. 우리가 우리의 돌봄 하에 있는 상처 입은 사람의 연약함을 이용할 때, 그것이 초래하는 고통과 파괴는 헤아릴 수 없으며 오래 지속된다.

반면에 우리가 사람들이 신뢰할 수 있는 사람으로 주님의 본을 따라 행동할 때, 우리에게는 다른 사람들의 짐을 지고 사람들이 영적, 감정적 짐으로부터 자유함을 체험하는 모습을 볼 수 있다. 그리고 그것은 상담에 따르는 위험과 짐을 더 가치 있는 것으로 만들어 준다.

사람들은 일반적으로 심리적인 위안을 얻기 위해서 직업적인 상담자를 찾아 간다. 사람들은 종종 영적인 위안을 얻기 위해서 목사를 찾아 간다. 이것은 목회 상담자로 하여금 듣는 역할 뿐 아니라 훈련하는 역할까지를 감당하게 만든다.

—게리 걸브랜슨

제 3 장
설교의 요소

내 아내의 부모님이 우리 교회에 출석하시곤 했다. 어느 토요일 밤에 장모님께서 전에도 여러 번 그러셨듯이 예배 중에 피아노를 치셨다. 장모님은 이틀 후에 쓰러져 병원에 실려가셨다. 거기서 의사들은 그녀가 뇌 동맥류(a brain aneurysm)를 앓고 있다고 진단했다. 장모님은 금요일에 돌아가셨다.

내가 가족과 회중과 함께 그 일을 애도하고 있었음에도 불구하고, 나는 주일 설교를 하기로 결정했다. 여호수아서에서 본문을 취한 나의 설교는 하나님의 주권을 다룬 것이었다. 나는 그 메시지를 그녀의 죽음과 연결지었으며 거리낌없이 나 자신의 감정에 대해 이야기했다.

후에 나는 현관의 홀에서 교회의 한 여자가 이렇게 말하는 것을 어쩌다 듣게 되었다. "최소한 지금 걸브랜슨 목사님은 우리 중 일부가 겪어 온 고통에 관해서 약간은 알고 계셔." 그 당시에 나는 그것이 잔인한 말이라고 생각했다.

나중에 나는 그녀의 의견에 관해 생각했다. 사실상 그 의견은 몇 사람이 함께 나누고 있었던 나에 관한 인식이었다. 내가 설교한 기준들 때문에, 어떤 사람들은 나를 공감이 부족한 사람으로 간주하고 있었다.

나는 상담이라는 무거운 짐을 어깨에 지고 있었으며, 듣는 기술들과 감정 이입에 대한 훈련을 크게 의존하고 있었다. 나는 피상담자들을 위해 기도했다. 그리고 그들의 문제들을 밤중에 집으로 가지고 가서 씨름했다. 나는 내게 상담을 받으러 오는 사람들 중에서 나를 비판적이라든가 용납하는 마음이 부족한 사람이라고 말할 사람이 있을까 의심스럽다.

최소한 일부 사람들이 보기에 사무실에서의 걸브랜슨 목사와 강단에서의 설교자 걸브랜슨은 서로 별 연관이 없는 것처럼 보였다. 그리고 그러한 이해는 그들의 목회자로서의 나의 영향력을 침해했다.

그러한 체험의 결과로, 나는 상담을 통해서 얻은 교훈들을 강단에서 더 중대하게 표현하기 시작했다. 그것은 뚜렷한 차이를 낳았다.

반대로 나의 상담 스타일 역시 여러 해 동안에 걸쳐 발전해 왔으며, 그 발전의 일부는 내가 설교에 관해 알고 있는 바에 의한 것이었다. 그 지식은 나를 훨씬 더 효과적인 상담자로 만들어 주었다.

체조 선수들이 마루 운동을 통해서 발전시킨 유연성 때문에 링 종목을 더 잘할 수 있는 것처럼, 목사들은 설교와 상담이라는 호혜적인 사역 때문에 전반적으로 더 효과적일 수 있다.

그러나 위의 체험에서 배운 것처럼, 상담과 설교의 공동 작용이 자동적으로 이루어지지는 않는다. 나는 그 공동 작용을 이렇게 이용하고 있다.

상담이 내 설교를 어떻게 형성하는가

설교자는 한 손에는 성경을, 다른 한 손에는 신문을 들고 설교를 준비해야 한다는 말이 있다. 그 말은 우리 주석(註釋)이 우리 교인들의 일상생활을 접촉해야 한다는 것을 의미한다. 또한 신문보다 더 유익한 것이 상담이다. 사실상, 나는 상담이 최소한 네 가지 방식으로 설교를 돕는다는 사실을 발견해 왔다.

●**상담은 설교 주제를 선택하는 것을 도와 준다.** 글렌 엘린 성경 교회에서 사역한 처음 몇 년 동안, 많은 새 신자가 출석하기 시작했다. 그 중 많은 사람들은 난생 처음으로 교회에 나온 사람들이었다. 또 다른 사람들은 어린 시절 이후로 전혀 교회에 다니지 않았다. 그들은 교회에 온갖 문제를 가지고 왔다. 특히 가정 문제, 감정적인 상처, 그리고 용서하지 못하는 일들이 그것이었다. 어떤 사람들은 하나님의 용서를 받아들이고 자기들의 삶을 재정돈하는 데 어려움을 겪고 있었다.

나는 내 사무실에서 이런 사람들 대부분을 상담했으며, 정말 그들과 함께 고통을 받고, 그들의 갈등을 놓고 함께 고민했다. 어느 날 나는 그들의 체험의 보편적인 줄거리를 다루고 있는 한 책─호세아─을 우연히 발견했다. 하나님께서는 자신이 어떤 분이신가를 전달하기 위해서 호세아를 고통스러운 상황 가운데 살게 하셨다. 하나님은 배신을 당하시고, 상처를 입으셨지만, 여전히 열정적으로 자기 백성을 사랑하신 분이셨다.

그래서 나는 몇 달 동안 호세아서를 본문으로 설교했다. 그리고 그 결과로 우리는 삶이 치유되고 소망이 회복되는 모습을 보았다. 내가 이전에 설교한 다른 설교 시리즈 만큼이나 사람들에게 영향을 끼친 그 설교 시리즈는 내가 사람들의 말에 귀를 기울이고 그들의 상황을 가까이서 보았던 내 상담 사무실에서 태동되었던 것이다.

상담은 나로 하여금 사람들의 필요에 대해 설교하게 만든다. 위기에 처한 결혼, 혼란에 빠진 젊은이, 하나님의 뜻에 대한 질문들, 슬픔─내가 날마다 실제 삶을 접촉함에 따라서, 하나님의 말씀에 나타나 있는 답변들이 종종 전체 회중에게 설교될 것을 간청한다.

● 상담은 어떤 본문에 포함된 감정들을 밝히는 데 도움을 준다. 내게 있어서는, 어떤 구절의 감정적인 구조를 밝히고 전달하는 것이 바로 설교를 교수(敎授)와 구별시켜 주는 것이다. 그 본문은 단순한 천상의 개념들, 비인격적인 원칙들, 그리고 초연한 신학이 아니라 사람들에 대한 계명들, 사람들의 죄들과 딜레마들로 구성되어 있다. 아담과 하와의 아들, 딸들은 혼란과 고통, 기쁨과 소망으로 둘러싸여 있는 것이다.

나의 설교 준비와 전달은 극히 인격적이다. 나는 메시지를 준비할 때 종종 피상담자들의 얼굴을 마음에 떠올린다. 나는 그 사람들이 아니라 그들의 삶을 겨냥해서 설교한다. 그것은 내게 중요한 일이며 성경의 진리를 감정에 연결짓는 일이다. 또한 내가 설교할 때, 성전에 앉아 있는 얼굴들이 내 안에서 예기치 않은 생각과 감정을 자극한다.

이것은 내가 머리뿐 아니라 마음에까지 말씀을 전할 수 있도록 도와 준다.

● 상담은 공감적인 질문을 할 수 있도록 도와 준다. 나는 설교를 준비하는 동안 종종 나 자신에게 '그 사람이 어떻게 이 상황을 헤쳐나갈 것인가, 어떻게 이 구절로 말미암아 교정될 것인가, 또는 내가 말하고 있는 이상적인 내용에 미치지 못한다고 느낄 것인가'를 묻는다. 그들의 감정들이 옳은지 그른지는 문제가 아니다. 문제가 되는 것은 그러한 감정들을 통해서 그들이 하나님의 뜻을 따를 수 있도록 어떻게 도울 수 있느냐는 것이다. 공감적인 질문에 대한 나의 답변은 청중으로 하여금 말씀의 문자 뿐 아니라 정신까지를 들을 수 있게 만들어 준다.

나는 요한복음에 기초한 "나는 나를 믿으시는 하나님을 믿는다"라는 제목의 시리즈 설교에서 예수님과 니고데모, 우물가의 여인, 그리고 그 밖의 사람들과의 상호 관계를 살펴 봄으로써 자기 이미지라는 주제를 다루었다. 그와 동시에 나는 기능을 상실한 가정에서 성장한 한 여자를 상담하고 있었다. 그녀의 아버지는 그녀가 어린 소녀였을 때 집을 떠났다.

그녀가 성장하는 동안 몇 사람의 남자가 그녀를 이용하면서 거쳐갔다. 부정적인 데이트 체험을 겪은 후에 그녀는 결국 결혼을 하고 나중에 그리스도인이 되었다. 그러나 그녀는 여전히 자기의 정체성과 삶에 대하여 경직된 생각들을 가지고 있었다.

매주 설교를 준비할 때마다 자주 내 마음이 그녀에게 끌렸다. 예수님께서 사랑하신 제자 요한에 대해서 설교했을 때, 나는 그리스도께서 특별히 그에게 품으셨던 사랑을 감지하는 요한의 특별한 능력을 강조했다. 그 다음 주에 이 여자가 상담을 받으러 나를 찾아 와서 그 메시지가 자기 생각을 바꿔놓았다고 말했다. 비록 우리가 이전에도 같은 생각을 여러 차례 이야기 했음에도 불구하고, 그 생각을 설교를 통해서 들은 것이 그녀에게 다른 영향을 끼쳤던 것이다. 나는 우리가 나눈 대화가 나로 하여금 공감적인 질문들을 제기하고, 그녀의 감정에 호소할 수 있도록 그 설교의 초점을 맞추게 만들었던 것이다.

공감적인 질문은 내 설교의 적용 부분에 영향을 끼친다. 이것은 특히 내가 자녀나 아동 학대 등에 관해서 설교를 준비할 때 중요하다. 왜냐하면 내가 화를 내고 사람들에게 일반적인 사실을 쏟아놓고자 하는 유혹을 받게 되기 때문이다. 감정의 폭발도 일반론을 늘어놓는 것도 별 도움이 되지는 않는다.

그 대신에 나는 나 자신을 내 메시지를 듣는 사람들의 입장에 놓고 이렇게 묻는다. "그들이 내가 하는 말을 어떻게 들을 것인가?" 그렇게 되면 그들의 감정들을 다루는 것이 적용의 첫 단계가 된다. 왜냐하면 사람의 감정들은 그들이 하려고 애쓰는 다른 모든 일을 빗나가게 만들기 때문이다.

그에 덧붙여서, 나는 사람들이 어떻게 반응할 것인가에 대해 생각할 때 그들이 예배 후에 어떤 뜻을 품을 것인가와 품지 않을 것인가에 관해서 보다 더 현실적이고도 특별하게 생각한다. 간단히 말해서, 나는 성경의 예리한 "두 날 선 검"에 피를 흘릴 사람들의 고통을 이해하고자 애쓴다.

그런 면에서, 나는 구약 선지서들을 검토해 왔다. 그들은 점잔을 빼거나 스스로를 의롭게 여기는 자들이 아니었다. 장차 임할 심판에 대해 흡족한 듯이 바라보는 바리새인들이 아니었다. 그들은 옳고 그름에 관해서 분명히 이야기했다. 그들은 그 과정에서 사람들의 감정, 생각, 그리고 반응들을 예상하면서 눈물을 흘렸던 것이다.

●**상담은 예화 자료이다.** 분명한 사실은 상담이 피상담자들의 보호를 위해서 민감함과 세심한 주의를 요구하고 있다는 것이다. 어떤 설교를 듣는 현재와 과거의 피상담자들은 당연히 내가 하는 예화와 설명에서 자신을 읽어내려고 하는 경향이 있다. 그것은 그들이 감정적인 위기를 맞고 있거나, 자기 이미지가 흔들리고 있다고 생각할 때 특히 그렇다. 그러나 성실하게 비밀을 보호하고자 할 때, 상담은 나의 설교들을 채색하는 데 필요한 예술가의 팔레트가 되는 것이다.

세 가지 기본적인 안전 장치가 있다.

1. **나는 개인적인 이야기보다는 수많은 사건이 다루어진 일반적인 상황들을 더 많이 예화로 사용한다.** 예를 들어, 나는 이렇게 이야기한다. "저는 남편들과 영적인 조화를 이룰 수 없는 많은 아내들과 대화를 나누고 있습니다. 그들은 가정에서 외로움을 느낍니다. 그리고 교회에 나올 때 좌절감을 느낍니다. 그들의 일반적인 불평은 '제 남편은 저와 주님 사이에 무슨 일이 일어나고 있는지에 관해 전혀 관심을 보이지 않아요'라는 것입니다." 일반적인 예화는 그다지 흥미를 끌지는 못하지만, 사람들로 하여금 성경의 계시를 듣고 볼 수 있도록 도움을 준다.

2. **나는 누군가의 이야기를 말할 경우에, 허락을 청한다.** 놀람이나 오해를 피하기 위해서, 나는 그 사람에게 내가 말하고자 하는 바와 그 설교에서 그 이야기가 전달될 상황에 대해서 자세하게 이야기해 준다. 대부분의 사람들은 자신의 고통스러운 상황이 다른 사람들을 도울 수 있다는 사실을 고맙게 생각한다. 비록 우리가 그들의 정체를 숨길 수 있는 방법에 대

해서 논한다 할지라도, 사람들이 허락하지 않는 경우는 거의 없다.

3. 나는 글렌 엘린에 오기 전에 겪은 일들에서 뽑은 이야기들을 사용할 것이다. 또한 나는 그 이야기를 그 이야기에 나오는 사람의 명예를 실추시키지 않는 방식으로 이야기한다. 나는 회중의 누군가가 '나는 이런 식으로 내 이야기를 하는 설교자를 결코 원치 않아'라고 생각하기를 원치 않는다.

내 설교가 상담에 어떻게 영향을 끼치는가

만일 사람들의 삶이 설교에 들어갈 필요가 있다면, 기록되고 선포된 하나님의 말씀은 상담에 들어갈 필요가 있다. 설교자가 된 것이 나로 하여금 그렇게 할 수 있게 만들어 주었으며, 그것은 나의 상담 사역을 심화하고 개선할 수 있게 도와 주었다.

● **설교는 청중들에게 설교를 듣지 않을 경우에 오지 않을 사람들을 상담받으러 오게 한다.** 종종 설교들은 어떤 것에 대한 청중들의 관심을 유발시킨다. 설교들은 그들이 마음 속으로 즐거워 해 온 것에 관한 눈을 열어 줄 수도 있다. 또한 그들이 억눌러 오거나 무시해 온, 또는 단지 참아 왔지만 해결하기를 원치 않았던 필요들을 드러낸다.

사람들은 여러가지 다른 이유로 전임 상담자들을 찾아가는 대신 설교자들을 찾아 온다. 사람들은 일반적으로 심리적인 위안을 얻기 위해 전문적인 상담자를 찾아 간다. 또한 사람들은 종종 영적 위안을 얻기 위해 목사를 찾아 간다. 그들은 성경을 자기들의 삶에 구체적으로 적용하는 것 뿐 아니라 결정을 내리는 데 대한 지침을 얻기 위해서 목사를 찾아 오는 것이다. 이것이 상담자에게 치유하는 역할뿐 아니라 훈련시키는 역할을 감당하게 하며, 상담을 위한 기초가 성경과 그 의미가 되게 한다.

그에 덧붙여서, 설교할 때 사람들에게 나의 개인적인 삶을 얼핏 볼 수 있게 해줌에 따라서, 많은 사람들이 상담을 받으러 온다. 그들은 자기들과 나를 동일시 할 수 있는 것이다.

나는 사업 세계와 폭넓은 연관을 가져 왔다. 나는 박사 학위를 추구하는 동안 거의 팔 년 간 부동산 투자 사업을 위해 일했다. 나는 한 은행의 이사이며 로타리 클럽을 통해서 사업가들과 정기적으로 관계를 가져 왔다. 그 결과로 내 설교의 적용들은 종종 사업과 관련되어 있다. 그러한 설교들을 한 후에, 나를 좀더 신빙성 있는 사람으로 보게 된 사업가들이 상담을 받으러 종종 나를 찾아 오게 된다.

 • 내 설교를 듣는 사람들은 상담 중에 해답을 기대한다. 목사들을 찾는 사람들은 내가 부여하는 공감과 긍정 이상의 것을 원한다. 우선 그들은 하나님의 말씀이 자기들의 상황에 관해서 말씀하는 바를 배우기 위해서 목사/상담자를 찾아 온다. 그들은 설교에서 성경 외에서는 찾을 수 없는 지혜의 근원을 지각하게 된다. 그들은 설교와 상담의 진리의 근원이 동일하다고 올바르게 생각하기 때문에 나를 찾아 오는 것이다.

나는 몇 해 동안에 걸쳐서 점점 더 지시적(指示的)인 상담을 하게 되었다. 나는 사람들에게 옳고 그른 것이 무엇인지에 대해서 더 기꺼이 지적하고 있는 것이다. 여러분은 그것이 상담자라기보다는 목사가 할 일이라고 생각할 것이다. 오늘날 많은 사람들이 불안을 느끼며 살고 있다. 그들은 도덕적이고 질서 있는 세계를 갈망한다. 특별히 도덕적인 혼란을 고려할 때, 나는 그것이 그들에게 우선은 문제를 초래한다 할지라도 도덕에 관해서 가능한 한 분명한 입장을 밝히기를 원한다.

내가 아는 한 설교자가 한 독신녀를 상담하고 있었다. 그녀는 한 남자와 함께 잠을 자곤 했다. 그녀는 이렇게 불평했다. "제가 그에게 몸을 줄 때마다 그는 두 주일 정도 제게 흥미를 잃는 것 같아요. 그리고나서 그는 다시 함께 잘 때까지 제게 관심을 가진답니다." 그녀는 어떤 일이 일어나고 있었는지를 모르고 있었다.

내 친구는 부드럽지만 단호하게 혼외 정사에 관한 성경적인 권면을 설명하고, 성경적인 지혜를 알려 주었다. 그녀는 이렇게 반응했다. "지금은 새 시대예요. 당신은 더 이상 그렇게 살 수 없어요." 그녀는 분명히 혼란스럽기는 했지만, 자신의 상황에 대한 하나님의 해답이 어떤 것인가를 이해한 채로 내 사무실을 떠났다. 그녀는 하나님의 해답을 좋아하지는 않았지만, 더 이상 만족스러운 세상적인 대안을 찾지 못하고 있었다.

그 목사처럼, 나는 무엇이 옳고 그른가를 설명한다. 하지만 나는 그와 동시에 적절한 시기에 옳은 일을 행하도록 권면한다. 나는 그것이 그들의 선택에 달려 있음을 분명히 한다. 그러나 나는 내가 그들이 어떻게 하기를 바라는가를 알려 준다. 물론 지시적인 방법으로 상담을 할 때에는 타당성이 모든 것이 된다. 트럭 사업을 하는 사업가가 몇 해 전에 우리 교회에 참석했다. 그런데 그가 한 젊은 설교자에게 어떤 지혜를 알려 주었다. "당신은 10톤짜리 다리 위로 12톤짜리 트럭을 운전할 수 없습니다."

나는 그렇게 하려고 애써 왔지만 별로 성공을 거두지 못해 왔다. 내가 하나님의 뜻을 바퀴가 열 여덟개가 달린 트럭에 실어 엔진의 속도를 바꾸어 사람들 위로 몰고 가려 한다면, 그들은 붕괴되고 말 것이다. 그들은 다시 교회에 나오거나 상담을 받으러 오지 않을 것이다.

예수님께서는 같은 이유로 바리새인들을 비난하셨다. 그들이 사람들을 돕지는 않은 채로 그들에게 무거운 짐을 지웠기 때문이다. 내가 범한 실수는 아직까지 우리의 관계 내에 충분한 신뢰를 쌓지 않았거나, 하나님께 대한 충분한 믿음을 쌓지 않았거나 그들에게 하나님의 사랑과 복음을 가지고 충분하게 격려하지 않았다는 것이었다. 따라서 나는 우선 설교와 상담을 통해서 다리를 놓기를 배워 왔다.

●**청중들은 설교가 제시하는 원칙들을 독특하고도 개인적으로 적용하기 위해 찾아 온다.** 그들은 성경적인 원칙들이 일반적으로 적용되는 것과 마찬가지로, 그 원칙들이 개인들의 독특한 필요와 약점과 은사들에 적용될 것을 요청하고 있는 것이다.

한 여자가 광장 공포증(agoraphoria), 즉 공공 장소들을 두려워하는 증세 때문에 간헐적으로 우리 교회에 출석했다. 그녀가 교회에 출석한 어느 한 주일에 내 설교에 다음과 같은 말이 포함되었다. "여러분이 정기적으로 교회에 출석하는 것이 하나님의 뜻입니다."

그녀는 그 주간에 내게 전화를 하고 상담을 받으러 왔다. 그녀는 이렇게 말했다. "목사님은 이 두려움이 어떤 것인지를 모르고 계십니다. 종종 제가 교회에 있는 동안 돌연한 공포가 엄습합니다. 그러면 저는 숨을 쉴 수 없습니다. 가슴이 뛰기 시작합니다. 땀을 비오듯이 흘리게 됩니다. 저는 제 정신을 잃을지도 모른다고 생각하게 됩니다. 하나님께서는 제가 그렇게 고통당하는 것을 원치 않으십니다. 이런 일이 일어나리라는 사실을 알면서 어떻게 제가 교회에 나올 수 있겠습니까?"

자주 일어나듯이, 그녀는 문제를 가지고 있었지만 선택의 여지가 거의 없었다. 나는 그녀에게 그 위협을 어떻게 무산시킬 수 있는가를 가르쳐 주었다. "하나님께서는 당신이 이 문제를 극복하기를 원하십니다. 그런데 교회는 그렇게 할 수 있는 가장 쉬운 장소 중 하나입니다. 원하신다면 발코니에 앉아 있을 수도 있습니다. 많은 사람들을 만날 필요가 없도록 조금 늦게 와서 빨리 떠나실 수도 있습니다. 우리 교회는 큰 교회입니다. 그러니 더 마음이 편해질 때까지 사람들에게 이름을 알리지 않은 채로 교회에 나올 수 있습니다. 그렇게 하기가 처음에는 힘들 겁니다. 하지만 만일 당신이 이러한 첫 단계들을 취한다면, 결국 사정이 좋아져서 다른 공공 장소들에도 가실 수 있게 될 겁니다."

그러한 개인적인 적용이 차이를 낳았다. 바로 그것이 그녀가 상담을 통해서 깨달을 수 있으리라고 바랬던 것이었다. 상담은 그녀가 어떻게 장애물들과 더불어 하나님께 순종할 수 있는가를 깨달을 수 있도록 도움을 주었다. 그녀는 매 주일 교회에 출석했으며 결국 기독교 기관에 취직하게 되었다.

그러나 모든 사례가 이렇게 쉬운 것은 아니다. 종종 사람들은 개인적인 적용을 바라며 나를 찾아 오지만 내가 그 적용을 제시할 때 받아들이지를 않는다.

그들은 진리를 멀리하고 싶어한다. 그들은 그것을 의도적으로 피한다. 그럴 때 나는 특별히 그들이 취해야 하는 행동들에 관하여 다룬다.

●내가 결단을 촉구하기 위해 설교하기 때문에, 나는 결단을 촉구하기 위해 상담할 수 있다. 나는 매주 설교 후에, 사람들이 메시지에 응하도록 도전하기 위해서 다양한 초청 방법을 사용한다. 강단에서 일어나는 그런 일에 익숙한 사람들은 내가 상담이라는 환경 가운데 그와 동일한 접근 방법을 사용할 때 놀라지 않는다. 따라서 나는 그들이 가지고 있는 선택권들을 열거하고, 하나님의 뜻을 설명하며, 그들에게 옳은 일을 행하도록 권면하고, 그런 다음에 그들에게 결단을 내려야 한다고 말한다. 내가 그들을 위해서 결단을 내려 줄 수는 없는 것이다.

상담을 받는 대부분의 사람들은 자기들이 함정에 빠져 있음에도 불구하고 희생자인 것처럼 느끼고 싶어한다. 그들은 자기들에게 아무런 선택권이나 결정권이 없다고 느낀다. 문제는 그들의 과거, 다른 사람들, 그리고 변화될 수 없는 상황의 결과이다. 그리고 그들이 자기들의 삶에 대한 분명한 통제권 없이 내버려져 있다는 사실이다.

따라서 나는 사람들의 문제들에 관해 철저하게 대화를 나눈 후에 그들에게 이렇게 말한다. "우리는 당신의 과거에 관해서 대화를 나눴습니다. 하지만 그것은 당신의 과거에 관한 변명이 아닙니다. 그것은 설명입니다. 하나님께서는 당신의 어려움을 이렇게 보십니다. 우리는 오늘 당신이 어떤 결단을 내릴 것인지에 초점을 맞출 필요가 있습니다."

나는 대부분의 경우에 사람들이 바른 결정을 내리게 되리라고 확신한다. 그러나 나는 그렇지 않을 때에도 계속해서 그들을 결정을 내릴 시점으로 인도하기를 원한다.

결혼 생활의 어려움 때문에 나를 찾아 온 한 여자는 극도로 사람을 멀리하는 수줍음이 많고 말이 없는 사람이었다. 나는 그녀와 세 차례 상담을 하는 동안 인내심을 가지고 그녀의 남편이 얼마나 끔찍한 사람이었는가와 어떻게 그녀의 욕구들을 전혀 채워 주지 못했는가, 얼마나 그녀가 좌절했었는가, 그리고 그녀가 어떤 희생 제물이었는가에 관한 구질구질한 사연들을 들어 줌으로써 점차적으로 그녀의 마음을 끌어내었다.

마침내 네번째 상담 시간에 사실이 판명되었다. 그녀는 여러 해 동안 간통 사건에 빠져 있었다. 그리스도께 헌신했지만 적극적으로 교회에 출석하지 않았던 그녀는 그처럼 무거운 죄짐을 지고 있었던 것이다.

우리는 하나님의 뜻에 관해서 대화를 나누었다. 나는 그녀가 가지고 있는 선택권들과 그 결과들을 열거해 주었다. 나는 이렇게 말했다. "당신은 그런 상황에 빠진 채로 계속해서 불행하게 느끼면서 두 사람 사이에서 방황할 수 있습니다. 아니면 당신은 남편을 떠나서 이 남자와 결혼하여, 어느 정도 행복을 찾을 수 있을겁니다. 하지만 당신이 좌절을 맛보게 될 가능성이 더 큽니다. 거기에는 사라지지 않는 이별의 아픔이 남게 될 겁니다. 아니면, 당신은 하나님의 용서를 구할 수 있습니다. 방향을 돌려 바른 방향으로 나아가기를 시작할 수 있습니다. 우리는 무너진 부분을 다시 회복할 수 있도록 당신과 당신의 남편과 함께 일할 것입니다."

그녀는 자신의 자유를 실행에 옮겼다. 그녀는 결코 다시 나를 찾지 않았다. 그녀는 남편을 떠나기를 선택했다. 나는 그 이후로 그녀와 접촉을 갖지 않아서 어떤 일이 일어났는지를 전혀 알 수 없다.

그런 일이 대개 그렇게 나쁜 것으로 판명되지는 않는다고 해도, 그것은 여전히 상담자에게 고통스러운 체험이다. 그러나 그것은 피할 수 없는 일이다.

몇 해 전에 나의 어머니가 크리스마스 카드를 보내시면서, 그 안에 이렇게 쓰셨다. "요즘이 내 인생에서 가장 힘든 시기였단다." 어머니는 자녀들이 모두 장성했지만 그들 중 일부가 잘못된 결정을 내려 끔찍한 고통을 받고 있다고 말했다. 그녀는 자녀들이 안고 있는 문제들에 관해 죄책감을 느끼고 있었으며, 만일 자기가 "더 좋은 어머니"였거나 더 일찍 그리스도께 나아 왔더라면 이런 일들이 일어나지 않았으리라 후회하고 있었다는 것이다.

그런데 하나님께서 그녀에게 한 가지 통찰을 주셨다. 하나님이 완전한 부모셨음에도 불구하고 그 분의 최초의 두 자녀가 잘못된 선택을 했다는 것이 그것이었다. 그녀는 이렇게 썼다. "만일 완전한 부모이신 하나님께서 자기 자녀들의 선택을 통제하려 하지 않으셨다면, 나도 내 자녀들에게 동일한 태도를 취해야 한다는 사실을 깨달았단다."

나는 나의 피상담자들에 관해서도 동일한 교훈을 받아 왔다.

상담자와 피상담자의 목표 : 하나님의 진리를 적용하는 것

나는 많은 문제를 안고 있는 가정에서 성장했다. 부모의 결혼 문제, 부모와 형제들 간의 갈등 등이 그것이었다. 내 가족들은 주님을 알게 되었을 때(나는 그 때 11살이었다), 가까이 다가와 진정한 보살핌을 제공한 목사를 만나는 지극히 큰 축복을 받았다.

그 목사는 주일 아침에 제시된 성경의 진리를 한 주간 동안의 삶에 적용할 줄 모르는 나의 부모에게 그 방법을 설명해 주었다.

한 설교자가 일어나고 있던 일을 이해하고 갈등을 겪고 있는 우리를 도울 수 있을 정도로 가까웠기 때문에 우리는 그 상황을 극복할 수 있었다.

나는 내 설교가 사람들과 갖는 상담과 연관 없이 분리되는 것을 생각조차 할 수 없다. 인간의 상황을 가까이하고, 그 상황과 씨름하며, 하나님의 말씀의 깊이를 탐구하고, 강단과 상담실에서 알게 된 사람들의 상황에 이야기하는 것—이것들이 내게 있어서 이상적이고도 없어서는 안 되는 목회 사역의 요소들인 것이다.

> 어떤 문제를 진단할 때, 우리는 반드시 그 문제를 더 복잡하거나 덜
> 분명한 방법으로 설명하려 하기 전에 가장 분명하고 자연스러운 설명을
> 발견하기 위해 애써야 한다.
>
> —아키발트 하트

제 4장
중생, 구원, 아니면 치료

존스 목사(Pastor Jones)는 당황하고 있었다. 24세 된 독신 여성 신시아(Cynthia)는 한 달 동안 네번이나 그를 찾아 왔으며, 올 때마다 전보다 더 그를 당황하게 만들었다.

신시아는 그의 교회에서 성장했다. 그녀의 부모들도 오랜 신도들이었다. 신시아는 14살 때 청소년 모임에서 신앙을 고백했으며, 대학에 입학해 떠나기 전까지 청년 모임의 리더였다.

존스 목사와 첫번째 상담 시간에, 신시아는 이 년 전에 자기가 한 젊은 남자와 데이트를 시작했다고 설명했다. 그들은 심각한 관계가 되었지만

자주 싸우다가 헤어졌다.

그녀는 마침내 이렇게 말했다. "한 해 전에 저는 임신한 사실을 알게 되었어요. 그리고 제가 생각했던 더 나은 판단과 반대로 저는 낙태를 했어요."

그녀는 소리내어 울며 이렇게 말했다. "어떻게 하면 좋죠? 이 모든 일로부터 벗어나기 위해서 어디로 가야할까요? 이런 병든 관계를 깨뜨릴 수 없는 제게 무슨 문제가 있는 걸까요?"

존스 목사는 깊이 공감하며 신시아의 이야기를 들어 주었다. 그는 그녀를 설득한 다음에 그녀를 위해 기도했다. 그녀는 기분이 좋아졌다.

그러나 며칠 후에 그녀가 다시 돌아 왔다. 그녀는 자신의 근심과 죄책감에 대해서 되풀이해 이야기하였다. 존스 목사는 이렇게 생각했다. '그녀의 상태가 더 나빠진 것 같고 의기소침한 것 같군. 왜 그녀는 용서와 자유를 체험하지 못하고 있을까? 그녀가 정말로 회심을 체험했을까? 어쩌면 어떤 마귀적인 힘이 그녀 안에 역사하고 있는 것이 아닐까?'

그는 영적인 싸움에 많은 경험이 없었지만, 너무나 많은 그룹들이 그것에 관해서 이야기하고 있었기 때문에 그것을 고려할 수밖에 없었다.

여전히 그는 표준적인 상담 체제를 반복했다. 그는 그녀가 자기 죄를 고백하고 용서를 위해 간구하도록 도와 주었다. 그리고나서 그는 하나님께서 기적을 베풀어 주시기를 기도했다.

그녀는 두 번 더 그를 찾아 왔다. 그녀의 문제는 더 깊어지는 것 같았다. 존스 목사는 당황했다. 그는 약간 성가시기까지 했다. 그는 이렇게 생각했다. '그녀는 어떤 깊이 자리잡은 감정적인 문제를 안고 있는 것이 아닐까? 어떤 일이 그녀의 마음 속을 움켜잡고 있거나 어린 시절의 어떤 나쁜 일이 그녀를 사로잡고 있는 것이 아닐까?'

그는 무능력함을 느꼈다. 그러나 그는 신시아와 그밖의 사람들이 자기를 무능력하게 생각할까 두려워하여 그녀를 다른 누군가에게 위임하기를 주저하였다. 이것은 영적인 문제인 것처럼 보였다. 왜 그는 목사로서

할 수 있는 일을 할 수 없었는가? 그는 어떻게 할 것인가에 대해서 마음 졸였다.

존스 목사만이 그런 것은 아니다. 나는 이와 비슷한 이야기들을 여러 목사로부터 들어 왔다. 인간의 상태의 모든 측면에 대해 전문가가 될 수 있는 목사는 아무도 없다. 한 목사가 일생 동안 사역이나 상담에 관한 모든 것을 숙달하기에는 시간이 충분하지 않다.

그러나 모든 목사는 기본적인 단계에 불과하다 할지라도 혼란에 빠진 사람의 문제를 진단해 볼 필요가 있다 : 이 사람은 그리스도께 헌신하고 그렇게 함으로써 새로운 중생의 삶을 체험하도록 인도받을 필요가 있는가? 이 사람은 어떤 초자연적인 개입을 필요로 하는가? 아니면 이 사람은 심리 치료나 상담이 필요한 경우인가?

목사들을 찾는 사람들을 진단하는 어떤 지침들을 수립하기 전에 우선 그 진단을 복잡하게 만드는 두 요인을 논하고자 한다. (1) 어떻게 심리학적인 요인들, 특히 어린 시절의 체험들이 영적인 치유에 효과를 나타내거나 방해할 수 있는가? (2) 귀신들림과 그것의 가장 통속적인 모조품(an imitator)인 정신 분열증(schizophrenia)과의 차이가 무엇인가?

심리적인 상처들

인생의 도상에서 몇 가지 심리적인 상처를 입지 않고 성인이 되는 사람은 거의 없다. 기독교 가정들조차도 심각하게 기능을 상실하고, 고통을 산출할 수 있다. 학대는 여러 가지 모양을 띨 수 있다. 가장 나쁜 학대는 신체적인 학대가 아니라 감정적인 학대이다.

이혼은 기독교 서클들 내에서조차 점점 더 보편적인 것이 되어 가고 있다. 그 자녀들의 사회적, 감정적인 삶을 사정없이 황폐케 하면서 말이다. 또는 사회적인 피해가 그릇된—무관심하고, 지나치게 자유방임적이며, 지나치게 강압적인—부모 양육에 의해 야기될 수 있다.

이러한 상처들은 후에 어떤 사람의 영적인 발달과 자유롭고 제한 없는 그리스도에 대한 체험을 방해할 수 있다.

예를 들어, 하나님에 대한 우리의 이해는 어린 시절에 우리에게 중요했던 사람들에 대한 체험에 의해 많은 부분이 형성된다. 예를 들어, 아버지가 학대와 지나친 요구를 일삼고 냉담하거나 용서를 베풀지 않을 경우에, 우리는 대부분의 권위적인 인물(authority figure)이 그런 식이라고 생각하기가 쉽다. 그리고 그 생각은 때로 하나님에게까지 해당된다.

한 여자가 내게 이렇게 말했다. "저는 하나님을 제 아버지와 혼동하지 않고는 하나님을 가까이할 수가 없습니다. 저는 눈을 감고 기도를 드릴 수가 없습니다. 기도할 때 저를 억누르고 위협하는 아버지의 이미지를 보게 되기 때문입니다. 저는 주기도문조차 할 수 없습니다. '우리 아버지'라고 말하는 것이 제게 두려움을 가져다 주기 때문입니다. 하나님과 제 아버지는 동일한 것 같습니다―감정적으로 저는 차이점을 느낄 수 없습니다. 누군가가 제게 하나님의 사랑에 대해서 이야기할 때, 저는 그 사람이 도대체 무엇을 말하고 있는지를 도무지 알 수가 없습니다."

이 여자는 건전하고 균형잡힌 영적 생활을 발전시킴에 있어서 큰 어려움을 겪게 될 것이다. 대부분의 교회의 많은 사람들이 그처럼 왜곡된 하나님의 이미지들 때문에 고통받고 있다. 그런 사람들이 감정적인 고통에 빠져 있을 때, 이러한 왜곡된 이미지들은 하나님의 도움을 받아누릴 수 있는 그들의 능력을 방해할 것이다.

그런 사람을 상담하는 목사는 이러한 왜곡된 이미지들을 교정하는 데 많은 지혜를 필요로 한다. 그들에게 "하나님의 속성들", 즉 하나님이 실제로 어떤 분이신가에 관해서 가르치는 것은 상담 과업의 일부에 불과한 것이다.

심리적인 상처는 치유될 필요가 있다. 하나님께서는 이러한 상처들을 치유하시기 위해서 종종 놀라운 방법으로 개입하신다. 반면에, 어떤 때에는 그러한 초자연적인 개입이 일어나지 않는다(나는 하나님께서 항상 치유 과정을 빠르게 하지는 않으신다고 믿는다. 왜냐하면 결국 우리는 즉각적인 치유가 아니라 하나님의 은총으로 이러한 문제들을 "통과"할 때 더 나은 사람들이 되기 때문이다).

영적인 성장을 방해할 수 있는 또 한 가지 심리적인 상처의 예가 그릇된 죄책감이다. 경건한 기독교 가정에서 성장한 많은 자녀들이 도가 지나치고 끝이 없는 죄책감에 의해 마음에 충격을 받는다. "하나님을 경외하는" 자녀들을 키우기를 갈망하는 부모들은 엄격한 훈련을 부과하고 엄중한 처벌을 가한다.

예를 들어, 우리가 처음 미국에 도착했을 때 우리 옆 집에 살았던 한 그리스도인 가족은 그들의 세 딸이 대화할 수 있는 사람들을 엄격히 제한하고 있었다. 그 부모들은 그 딸들이 "세상에 오염이 될까봐" 너무나 겁을 집어먹은 나머지 그들에게 이렇게 말했다. "비그리스도인 아이와 이야기를 나눠서는 안돼. 그런 아이와 이야기하는 모습을 보기만 하면, 너희에게 벌을 줄꺼야."

이 자녀들은 비그리스도인들과 이야기를 나누는 데 대해서 강렬한 죄책감을 느끼게 되었다. 내 딸들(그 아이들의 대화 상대로 허락받았던)은 그 아이들이 느끼고 있었던 두려움에 대해서 몇 시간씩 이야기를 듣곤 했다. 우리 이웃의 딸들은 과도한 죄책감에 억눌린 채로 성장했다. 그 중 한 딸은 지금 커다란 감정적인 혼란 때문에 고통받고 있다.

이러한 종류의 죄책감은 종종 참된 또는 건전한 죄책감과 반대되는 신경증적인 또는 그릇된 죄책감이라고 언급된다. 많은 심리학자들이 모든 죄책감을 그릇된 것으로 보지만, 나는 그렇게 보지 않는다. 우리는 옳고 그름에 대한 분명한 이해를 가져야 한다. 그러나 임의적인 규칙들 때문에 정죄감을 느낄 때, 또는 우리가 느끼는 죄책감이 적절한 수준을 초과할 때, 그것은 신경증적인 것이 되는 것이다.

그것이 신경증적인 것인 이유가 무엇일까? 한 가지 중요한 이유가 있다. 그러한 죄책감은 그것이 인간에 의해 제공되는 것이든 아니면 하나님에 의해 제공되는 것이든 간에 용서에 응하지 않는다. 그러한 죄책감은 처벌만을 알 뿐이다. 그것은 처벌 받을 것을 요구한다. 그것은 모든 것이 완전하게 회복될 때조차 누그러들지 않을 것이다.

이것이 신시아(존스 목사가 상담하고 있었던)의 문제였다. 그녀의 성장 과정이 그녀의 양심을 과민하고 절제하지 못하게 만들었다. 그녀는 변덕스러운 행동이 초래한 감옥에서 벗어날 수가 없었다. 길을 잃고 방황하던 그녀는 하나님의 용서가 분명히 제공해 주었을 마음의 평정으로 돌아가는 길을 발견할 수 없었다.

이것이 순수한 영적 문제인가? 결코 그렇지 않다. 하나님께서 기적적으로 그러한 문제를 치유할 수 있으실까? 그렇다. 그러나 종종 그렇게 하지 않으시는 경우도 있다. 하나님의 지혜는 우리의 지혜보다 훨씬 더 크다. 그 분의 관심사는 우리의 편안함이라기보다는 성화(聖化)에 있다. 신시아에게는 신경증적인 죄책감을 건전한 죄책감으로 대체하는 것이 필요했다. 그녀는 또한 자신의 결함과 더불어 살 수 있도록 용서—하나님께서 그녀가 회개할 때 주시는 깊고도 철저한—를 체험할 필요가 있었다.

정신분열증과 귀신들림

특히 어린 시절에 입은 심리적인 마음의 상처가 영적인 성장을 방해할 수 있다면, 영적인 권세들은 어떤가? 이 권세들이 심리적 또는 영적 문제에 어떤 영향을 끼치는가?

나는 이따금씩 악령이나 귀신이 들렸다는 말을 들어 온, 감정적으로 불안한 많은 사람들을 해마다 대하게 된다. 그러나 언제나 귀신들림이 문제인 것은 아니다.

섹스에 빠져 있는 사람 모두가 "정욕 마귀"의 지배 하에 있는 것은 아니다. 정욕적인 생각과 행동은 자기 절제의 부족, 어린 아이 때 성적 행동에 부적절하게 노출된 사실, 성적 학대, 또는 일반적인 죄의 결과일 수 있다. 우리는 색다른 설명으로 뛰어들 필요가 없는 것이다.

그에 덧붙여서, 너무나 쉽게 귀신이 들렸다고 생각하는 것은 해로울 수 있다. 사탄이 그렇게 특별히 널리 알려지는 것을 기쁘게 여긴다는 것은 의심의 여지가 없는 일이다. 그러나 더 나쁜 것은 특히 그러한 꼬리표가 사실이 아닐 때, 그 절망감이 피해자에게 원래의 문제보다 더 많은 (특히 귀신 쫓기[exorcisms]가 그 문제를 치유하는 데 실패할 경우에) 해를 끼칠 수 있다는 것이다.

감정적인 문제들을 그릇되게 귀신들의 탓으로 돌리는 일은 몇 가지 위험을 안고 있다. 그것은 피해자를 인간의 죄악됨을 인정하고 고백하는 책임으로부터 떠나게 해 준다. 그것은 사탄의 능력을 부당하게 강화시켜 준다. 그러나 가장 중요한 것은 그것이 효과적인 치유를 지연시킨다는 것이다.

그리고 정신분열증과 같은 문제에 대한 치료를 연기하는 것은 피해자가 정상으로 돌아 올 가능성을 크게 감소시킬 수 있다.

정신분열증은 육체적인 질병이다. 정신분열증은 기괴한 증상들을 나타내기 때문에, 자주 귀신들림이라는 레테르가 붙는다. 그러나 우리는 간질병(이전에 귀신들린 것으로 간주 되었던 또 하나의 질병)으로부터 배웠듯이, 이제 정신분열증이 뇌의 화학 작용상의 결함 때문에 일어나는 것이라는 사실을 알고 있다. 그러므로 약물로 그 병에 걸린 사람들을 치료할 수 있는 것이다.

또한 정신분열증을 치료하기 위한 올바른 약물 사용을 지연하는 어떤 일도 그 피해자의 장기간의 회복에 영향을 끼칠 수 있다. 이 문제에 대한 오진(誤診)은 심각한 결과들을 초래할 수 있다. 이것은 특히 후기 청소년기에 시작되는 정신분열증에 해당된다.

그러므로 모든 목사는 정신분열증의 기본적인 증상들을 알고 있어야 한다. 솔직히 말해서, 그렇게 할 수 없는 사람들은 상담을 해서는 안된다. 기본적인 증상 몇 가지를 들어 보면 다음과 같다.

●뚜렷한 사회적인 고립 또는 거부

• **직장인, 학생 또는 가정 주부로서 기능을 발휘함에 있어서의 현저한 무능력함**

• **뚜렷하게 유별난 행동**(쓰레기를 모은다거나 사람들이 모인 곳에서 혼자 이야기를 한다든가, 아니면 음식을 몰래 저장하는 따위)

• **뚜렷한 건강 손상**

• **회피적이고, 불분명하며, 지나치게 꾸민 듯한 대화, 또는 대화의 부족, 또는 대화에 대한 만족의 부족**

• **그 사람의 행동에 영향을 끼치는 유별난 신념이나 마술적인 생각들**(미신, 투시와 텔레파시에 대한 믿음, '다른 사람들이 내 감정들을 느낄 수 있다'는 따위의 생각)

• **유별난 체험들**(반복되는 환상들, 실제로 존재하지 않는 힘이나 사람을 느끼는 것)

• **솔선하는 정신이나 에너지의 부족**

정신분열증은 복잡한 질병이다. 그러므로 목사는 피상담자가 정신분열증을 앓고 있는 것이 아닌가 의심이 들 경우에 가능한 한 빨리 적절한 사람에게 그 사람을 위임해야 한다.

그러나 정신분열증이 이런 것이라면, 귀신들림은 어떤 것일까? 귀신들림의 특징은 분별하기가 쉽고 간단하지가 않다. 그러나 귀신들림을 폭넓게 체험한 사람들은 그 특징들을 다음과 같은 것들로 보고 있다.

• **새로운 성격의 출현.** 그 사람의 음성이나 표현들이 변한다. 그리고 전혀 다른 사람처럼 말하고 행동하기 시작한다. 그러나 이러한 증상 역시도 "분열"(splitting)과 아동 학대와 연관된 심각한 심리적 문제인 "다중 인격 증상"(multiple personality disdorders)에도 나타난다. 그 차이를 구별하기 위해서는 정신병학(psychopathology) 훈련을 받은 사람이 요구된다.

• **인간적인 온정이 충격적으로 부족하다.** 귀신들린 사람은 메마르고 공허하게 보인다. 그리고 그들은 공감(empathy)을 결여하고 있다.

●**기독교적인 상징들에 대한 뚜렷한 혐오감.** 십자가, 성경, 그리고 그 밖의 기독교적인 상징들은 귀신들린 사람을 극도로 불편하게 만든다. 그러나 나는 많은 정신분열증 환자도 이런 반응을 보이는 증거를 보게 된다.

●**육체적인 현상들.** 많은 사람들이 설명할 수 없는 악취, 몹시 추운 온도, 날아다니는 물건들, 부드럽고 늘어진 피부 등을 묘사하고 있다(말라키 마틴[Malachi Martin]의 *Hostage to the Devil*을 참조하라).

●**행동의 변화들.** 피해자는 그 몸이 움직여질 수 없거나, 공중에 떠오르거나, 공중을 떠다닐 수 있다.

이처럼 귀신들림은 보통 생각하는 것처럼 보편적인 현상이 아닌 것이 분명하다. 그리고 소위 귀신이 들렸다 하는 많은 일들은 보다 더 자연스러운 설명이 가능하다. 귀신이 들렸다는 진단은 내개 우선 그 문제의 으뜸가는 원인들을 제거하는 문제인 것이다.

그렇다면 목회 상담자는 어떻게 귀신들림에 대한 진단에 착수할 수 있는가? 다른 전문가들이 그 사람을 검토했을 때 그 문제에 대한 분명한 원인을 전혀 발견하지 못했음을 확인함을 통해서이다. 만일 어떤 식으로든 자연스러운 설명을 할 수 없는데도 앞에서 언급한 문제들 중 몇 가지가 존재할 때, 그 목사는 그러한 진단을 계속해 나가기를 바랄 수 있을 것이다.

절약의 법칙

모든 분별의 문제들에 있어서 우리가 따라야할 원칙은 "절약의 법칙"이다.

본질에 있어서, 이 법칙은 가장 분명하고도 근본적인 차원에서 어떤 문제를 이해하려고 애쓸 것을 우리에게 요구하고 있다. 간소함이 그 규칙이다. 어떤 문제를 진단할 때, 우리는 그 문제를 보다 복잡하고 덜 분명한 방식으로 설명하려고 움직이기에 앞서 우선 가장 분명하고도 자연스러운 설명을 찾으려고 애써야 한다.

일례로 내가 두통을 앓고 있다고 하자. 나는 우선 그것을 스트레스나 눈의 피로(상황에 기초한)의 결과로 보기를 시도해야 한다. 만일 휴식을 가져도 그 문제가 치유되지 않는다면, 나는 독감을 앓고 있는 것이 아닌가를 고려할 필요가 있다. 만일 그러한 가설이 실패로 돌아간다면, 나는 아마도 뇌 종양(a brain tumor)이 있는지를 검진하기 위해 신경과 전문 의사를 찾아갈 필요가 있을 것이다.

그러나 그 증상들이 분명하게 뇌 종양을 암시하지 않는 한, 나는 머리가 아플 때마다 뇌 종양을 앓고 있다고 성급하게 결론을 내릴 필요는 없다. 진단상의 모든 과정들이 이 법칙을 따르고 있다.

여기에 그 법칙을 어떤 사람의 문제의 성격을 결정하는 목회 상담자의 과업에 적용할 수 있는 방법이 있다.

1. 과거를 주의 깊게 관찰하라. 우리는 의학과 같은 다른 학문들로부터 이 교훈을 차용할 수 있다. 대부분의 목사들은 과거를 철저히 조사하는 훈련을 받지 않았다. 그러나 어떤 문제의 분명한 원인을 놓치지 않기 위해서 그것은 지극히 중요한 일이다. 과거를 조사하는 데에는 다음과 같은 것들이 포함되어야 한다.

－가족의 배경에 대한 세부 사항들

－가족의 기능 장애 유형의 변천

－가족의 정신 질환의 변천

－현존하는 문제의 변천

－언제 그 문제가 처음으로 발생했는가.

－그 문제가 일어나는 빈도

－최근에 일어난 변화들

－영적 체험과 생활의 변천

－회심의 체험 : 언제 어디서 어떻게

－회심 이후의 영적 발전의 유형들

철저한 과거 조사는 무엇이 그 사람을 괴롭히고 있는지, 언제 그 문제가 시작되었는지, 그리고 그 문제의 배경에 대한 분명한 윤곽을 제공해 주어야 한다.

2. 분명한 원인들을 우선 고려하라. 여러분은 이제 절약의 법칙을 따라 그 문제를 가장 분명하고도 자연스러운 용어로 설명하고자 시도하고 있다.

예를 들어, 그 가족에 정신 질환의 병력이 있고, 여러분이 상담하고 있는 그 사람이 난폭한 행동이나 감정들을 체험하고 있다면, 가장 가능성 있는 원인은 그 가족이 가지고 있는 정신 질환이다. 유전적인 요인들도 심각한 정신적인 혼란에 강력한 영향을 끼칠 수 있다. 그러나 여러분이 정신요법에 대한 훈련을 받지 않은 한, 여러분이 취할 수 있는 가장 책임 있는 행동은 문제시 되고 있는 사람에 대한 진단을 정신의학자나 정신치료사에게 위임하는 것이다.

3. 우선 가장 분명한 차원에서 개입하라. 상담상의 개입을 계층적으로 생각하는 것이 유익하다. 진단은 분명한 설명의 차원으로부터 시작되어 더 높은 차원으로 나아가야 한다. 그뿐 아니라 많은 개입이 이 접근방법에 이어져야 한다. 우선 기본적인 증상들을 먼저 치유하라. 그리고나서 보다 복잡한 증상들로 나아가라.

예를 들어, 어떤 사람이 기괴하게 행동하며, 자기가 아무도 보고 듣지 않는 것을 보거나 듣는다고 말한다고 하자. 첫번째 개입은 그 사람을 이러한 유별난 행동과 환각을 치료할 유능한 전문가에게 위임하는 것이 되어야 한다.

기괴한 행동의 치료가 진행되는 동안에 여러분은 그 사람에게 그리스도의 명령에 복종할 것을 권유함으로써 그로 하여금 그리스도인으로 헌신하는 단계들을 밟게 하고 싶을 것이다(목사로서의 여러분의 책임이 그 사람을 전문가에게 위임함으로써 끝나는 것이 아니다). 물론 단지 그 질병이 그 사람이 적절하게 영적인 문제들을 이해할 수 있기 전에 통제될 필요가 있기 때문에, 한 가지 개입(전문적인 치료)이 일시적으로 다른 개입(영적인 인도)에 선행할 수도 있다.

4. 초자연적인 원인들을 고려하라. 우리는 어떤 시점에 어떤, 문제의 원인이 초자연적인 또는 마귀적인 것이라고 생각하여 그 치유책으로 구원에 호소해야 하는가? 그것은 오직 보다 분명한 원인들이 제거되었을 때이다.

예를 들어, 문제시 되고 있는 사람의 직계 가족 중에 정신분열증의 병력을 가진 사람이 있다면, 정신분열증의 치료가 첫번째 고려 사항이 되어야 한다. 나는 현존하는 문제를 다루지 않고 이러한 진단을 넘어서 행동하는 것은 엄청난 태만이라고 생각한다.

그러나 덜 기괴한 행동은 어떤가? 동일한 원칙이 적용된다. 가장 분명한 원인들을 발견하고 그것들을 우선 치료하라. 그 분명한 원인들을 제거했다면, 또는 그 증상들이 모든 자연스러운 원인을 배제할 정도로 너무나 생소하다면, 여러분은 직접 초자연적인 원인들을 고려해 보기를 원할 수 있을 것이다.

몇 가지 주의 사항이 있다.

• **여러분 스스로 초자연적인 원인들을 진단하려고 하지 말라.** 언제나 다른 사람들의 협력을 구하라. 그리고 협력하여 분별한 내용에 대해서는 스스로 책임을 지라.

• **많은 전문가들이 귀신들림이 언제나 기괴한 행동을 통해서 모습을 나타내는 것은 아니라고 믿고 있음을 기억하라.** 사탄은 그보다 더 창조적이다. 우리는 문제의 원인을 찾기 위해 다른 곳을 볼 필요가 있을지도 모른다.

• **귀신들린 상태가 있다고 생각할 때조차도, 심리적인 또는 정신적인 문제들이 귀신들림을 동반하고 복잡하게 만든다는 사실을 기억하라.** 이 문제들 또한 치료를 요한다.

• **예수님께서 자신을 따르는 자들에게 귀신들을 내어쫓으라고 명하기는 하셨지만(눅 9:1~2), 우리는 귀신들을 열심히 찾아다니라는 명령은**

발견할 수 없다. 다시 말해서, 이러한 원인들에 대한 선입견을 피하라. 오히려 우리가 그리스도 안에서 소유하고 있는 승리와 보호에 초점을 맞추라.

5. 중생의 필요성을 고려하라. 상담이나 정신 치료의 한 가지 커다란 결점은 그것들이 인간의 존재의 핵심적인 문제를 직접 다루지 않는다는 것이다. 하나님으로부터의 소외의 문제 말이다.

문제를 안고 있는 그 교구민이 나타내는 문제가 어떤 것이든 간에, 중생의 문제는 언제나 진정한 문제이다. 하나님께서 우리 존재의 핵심 안에서 이루시는 중생의 역사가 없이는, 삶의 질(정신적이든 육체적이든)을 개선하려는 모든 인간적인 노력은 한계가 있기 마련이다. 목사의 진단은 중생이 일어났는지의 여부에 대한 질문을 항상 포함해야 한다.

나는 우리가 사람들의 구원을 판단하는 것을 말하고 있는 것이 아니다. 그러나 우리는 사람들에게 그들의 영혼에 대한 책임을 지도록 요청할 권리가 있다. 이것이 전도 사역이다.

감정적인 혼란에 빠져 있는 동안 사람들은 영적인 개입에 더 개방적이 된다. 관심 있는 목사는 그 피상담자가 하나님의 은총을 받아들임으로써 새로와짐을 체험할 수 있는 길을 조심스럽게 제시할 수 있을 것이다. 중생은 문자적으로 "다시 태어남"을 의미한다. 그리고 핵심(마음)이 중생할 때, 상담이나 정신 치료가 중요한 차이를 낳을 수 있는 것이다.

우리 그리스도인 상담자들은 피상담자가 하나님의 역사를 받아들이도록 준비시킬 수 있다. 우리는 어린 시절의 상처나 하나님에 대한 왜곡된 개념을 제거시킴으로써 하나님의 은혜가 효과적이 될 수 있게 만들 수 있다. 치료나 상담은 은혜의 사역을 창출하지 못한다. 그것을 도울 뿐이다. 그것은 갈라디아서 6 : 2과 로마서 15 : 1 말씀처럼 가장 무거운 짐을 맡길 수 있도록 다른 사람들을 돕는 것에 불과하다(마 8 : 17).

6. 위임하는 일을 지연하지 말라. 문제가 복잡해지거나 우리가 받은 훈련이나 기술을 넘어선다고 느낄 때마다, 그 사람을 유능한 사람에게 위임

하라. 여러분이 위임할 수 있는 어떤 그룹이나 신빙성 있는 전문가들과의 관계를 발전시키라.

신뢰라는 말을 강조하고자 한다. 이러한 전문가들을 직접 알지 못하는 한, 여러분은 그들을 전적으로 신뢰할 수 없을 것이다. 그들과의 관계를 배양하라. 점심 식사를 함께 하며 그들이 여러분이 어떤 사람인지를 이해하게 하라. 그들의 방침을 발견하라. 만족스럽지 않다면, 다른 누군가를 찾아가라.

피상담자를 위임한 후에도 그 과정을 평가하고 여러분이 언제 어떻게 영적인 지도를 통해 개입할지를 결정할 수 있도록 계속 접촉을 가지라.

내가 간소한 진단 모델을 제시하기는 하지만, 목사들, 특히 인간의 상태를 이해함에 있어서 목사들의 연장 교육의 중요성은 아무리 강조해도 지나치지 않다. 이 문제에 대한 무지는 위험하며 큰 피해를 입힐 수 있다.

영적인 해결책을 잘못 적용하는 것은 심각한 정신적 문제의 적절한 치료를 지연시킬 수 있다. 마찬가지로, 배타적으로 심리적인 치료 방법들만을 사용하는 것도 큰 희생을 초래하며, 그 영혼에게 위험할 수 있다.

결국, 사람들로 하여금 중생을 통해 하나님의 은혜에 응하게 요청하는 것이 우리의 으뜸가는 초점이 되어야 한다. "사람이 만일 온 천하를 얻고도 제 목숨을 잃으면 무엇이 유익하리요"(마 16 : 26).

많은 사람들에게 있어서, 전도는 그들로 하여금 이 은혜에 굴복할 수 있도록 심리적인 장애물들을 극복하도록 돕는 것을 의미할 수 있다. 이것이 기독교 상담이 은혜의 방도가 되는 부분인 것이다.

2부

상담의 상황들

모든 목사들은 위기를 직면한 채로 살고 있다. 문제는 위기가 닥칠 것인가의 여부가 아니라 언제 닥칠 것인가, 라는 것이다. 위기가 닥치는 때를 미리 알 수는 없지만, 나는 샌프란시스코 주민들처럼 준비를 갖추기를 배울 수 있다.

—게리 걸브랜슨

제 5장

위기 상황들

내가 글렌 엘린 성경 교회에 지원한 주일 아침 예배가 끝난 후에 우리는 장로회(the board of elders)의 회장 집에서 함께 식사를 하고 있었다.

갑자기 식사 도중에 전화 벨이 울렸고 전화를 받은 주인이 창백해진 얼굴로 돌아 왔다.

그는 신속하게 사실을 전했다. 그 교회의 한 가족 중에 그날 아침 교회에 출석했던 대학생 나이의 아들이 있는데 예배 후에 집에 가서 자살을 했다는 것이었다.

우리는 수저를 놓고 슬픔을 당한 집으로 차를 몰고 갔다. 다른 사람들이 유족들에게 위로의 말을 전했을 때, 나는 그들의 말을 묵묵히 듣기만 했다. 그들의 슬픔을 짓밟고 싶지 않았기 때문이다.

오후가 지나면서 내 생각은 저녁 예배로 옮아 갔다. 내가 설교하기로 계획했던 내용은 이제 부적절한 것이 될 지경이었다. 이것은 그 가족 뿐 아니라 교회 전체의 위기였다.

우리가 그들의 집을 떠난 후에, 나는 다음 몇 시간을 그 예배를 어떻게 인도할 것인가를 계획하는 데 소비했다. 나는 다른 설교 본문으로 고린도후서 1장을 택하고 새 메시지의 개요를 작성했다. 급히 준비했음에도 불구하고 그 날 밤 나의 사역은 필연적으로 모든 사람이 느끼고 있었던 고통과 슬픔을 다루는 것이어야 했다.

그것은 한 교회의 목사로 지원한 목사가 맞는 전형적인 주일이 아니었다. 그러나 몇 해 후에 그 교회 장로 한 사람이 내게 이렇게 말했다. "그 다음 주 게리 목사님 초빙 문제로 투표를 하게 되었을 때, 그것은 목사님을 우리 목사님으로 초빙할 것인지의 여부를 결정하는 문제가 아니었습니다. 목사님은 이미 우리 목사님이셨습니다. 우리는 함께 위기를 통과했습니다. 그리고 이미 우리의 목사님이심을 입증하셨던 겁니다."

요점은 다음과 같다 : 위기들이란 편리한 때에 임하지 않는다. 나는 달력을 보고 위기들이 언제 닥칠지를 계획할 수는 없다. 그러나 위기들은 설교와 행정과 마찬가지로 나의 사역의 지극히 중요한 부분이다. 사람들에게는 이미 체험한 참화에 대한 돌봄 뿐 아니라 후유증을 처리하는 데 있어서의 도움 또한 필요하다. 위기들은 큰 지진에 뒤이어 일어나는 화재와 후유증처럼 더 악화되고 확장될 잠재력을 가지고 있다.

모든 목사들은 위기를 직면한 채로 살고 있다. 문제는 위기가 닥칠 것인가의 여부가 아니라 언제 닥칠 것인가, 라는 것이다. 위기가 닥치는 때를 미리 알 수는 없지만, 나는 샌프란시스코 주민들처럼 준비를 갖추기를 배울 수 있다.

문제들과 무관한 위기들

우선 우리는 도대체 위기가 무엇인가를 알아야 한다. 만일 우리가 모든 문제를 위기로 처리한다면, 우리는 전임 위기 관리자(a full-time crisis manager)가 될 것이다. 모든 목사는 비교적 사소한 문제를 가지고 주의를 끌기 위해 한 밤중에 전화를 거는 사람들을 대한 경험이 있다. 열쇠는 그러한 사람들에게 지나친 반응을 보이지 않는 동시에 전적으로 도움이 되는 것이다.

만일 전화를 건 그 사람이 자신의 상황을 위기로 간주한다면, 나는 최소한 처음에는 그것을 위기로 취급한다. 나는 그런 사람들에게 충분하고도 즉각적인 주의를 기울인다. 나는 감정들을 존중하고 그들이 느끼는 고통을 정당한 것으로 인정한다. 나는 내가 관심을 가지고 있음을 보여준다. 어디서 그런 일이 일어나는가를 발견할 수 있을 때까지 그렇게 하는 것이다.

이 시점에서는 공감이 지극히 중요하다. 나는 내가 다른 사람들의 문제들에 대해서 어떻게 느끼는가에 기초해서가 아니라 내가 그들의 처지에 있을 때 어떻게 느낄 것인가에 기초해서 반응한다. 그들이 말하는 산은 언덕일 수도 있다. 그러나 만일 그들이 그것을 산으로 보고 있다면, 나는 그들이 그러한 감정들을 처리하고 더 나은 관점을 얻을 수 있도록 도울 필요가 있다.

그 상황을 평가하는 동시에 그런 관심을 전달하는 데에는 오 분 정도밖에 걸리지 않는다. 그리고나서 나는 그 필요에 기초해서 약속 시간을 정하거나 그들을 돌볼 그밖의 계획을 세울 수 있다. 이런 식으로 나는 그 사람의 고통을 무시하지 않은 채로 그 문제를 다룰 수 있다. 그리고 만일 그것이 진정한 위기라면, 나는 보다 더 즉각적인 행동을 취할 수 있다.

여러분 자신의 반응을 잘 다루라

나는 언젠가 권총으로 자살한 한 남자의 가족으로부터 새벽 세 시에 와서 도와달라는 전화를 받은 적이 있다.

처음에 그들이 알고 있었던 사실은 권총이 발사되고 그 남자가 병원으로 옮겨졌다는 것 뿐이었다. 일어난 일을 정확히 발견했을 때 내가 한 일은 그 아내와 세 자녀를 병원으로 데려가고, 그들에게 아버지이자 남편이 자살을 기도했다는 사실을 알려 준 것이었다.

이런 상황에서 내가 대하는 첫번째 도전은 나 자신의 반응을 잘 다루는 것이다.

나는 보통 두 종류의 위기를 대하게 된다. 나의 체험과 훈련 때문에 잘 다룰 수 있는 능력을 갖추고 있다고 확신하는 위기들과 나를 두렵게 만드는 위기들이 그것이다. 각각의 경우에 따르는 유혹들이 있다.

나는 느긋함을 느낄 때 인내심을 잃게 된다. 나는 그 사람이 말을 마치기도 전에 문제의 성격을 알고 있다. 어떤 일이 일어나야 하는지를 알고 있다. 사람들이 어떻게 반응하는가도 알고 있다. 그래서 너무 성급히 충고를 시작하고 싶어지는 것이다.

상황의 위협을 받고 있을 때, 나는 내가 목사라는 이유 때문에 어떤 일이든지 하고 싶어진다. 나는 그 상황을 통제하지 못할 경우에, 내가 쓸모없게 보일 것이라고 느낀다. 그런 압박을 받을 때 나는 대개 실수를 하게 된다.

나 자신의 반응들을 잘 다루기 위해서 나는 두 가지 사실을 염두에 둔다.

●**사람들의 위기가 나의 위기가 된다면, 나는 그들에게 큰 도움이 되지 못할 것이다.** 내가 문제의 근원을 다루지 못하고 해결하지도 못하는 상황에 처할 때, 나는 조용히 침묵을 지켜야 한다. 사람들의 두려움과 공포, 불안과 나 자신을 지나치게 동일시할 경우에, 나는 사역을 감당할 수 없다. 나는 그들이 느끼는 것을 느낄 수 있기를 원한다. 그리고 그들에게 그러한 감정이 정상적인 것이라고 이야기해 주고 싶다. 하지만 나는 명료한 사고를 유지하고 싶다. 그것이 어떻게 가능할까?

내가 제시하는 해결책은 기술을 습득하고 훈련을 받으라는 것이다. 나는 사람들에게 제공해 줄 것을 가지고 있어야 한다. 심신의 소모는 자기들의 능력을 벗어나는 상황들을 되풀이하여 직면하는 목사들과 상담자들에게 타격을 준다.

나는 신학교에 다니는 동안 부동산 중개인으로도 일했다. 어느 날 한 동료가 나를 불편한 상황에 처하게 만들었다. 그의 딸과 함께 웨이트레스로 일했던 한 여자가 암으로 죽어가고 있었다. 의사들은 그녀에게 몇 주 밖에 살지 못할 것이라고 말했다. 그녀는 그리스도를 모르고 있었다.

그는 이렇게 말했다. "자네는 신학교 교육을 받고 있지 않은가? 그녀를 방문해 줄 수 있겠나?"

나는 "그럼. 기꺼이 그녀를 만나겠네"라고 대답했다. 그러나 나는 속으로 불안함을 느꼈다. 그녀에게 도움이 될 만한 말을 해 줄 수 있는 능력이 있는가가 의심스러웠던 것이다.

후에 나는 '이 시점까지 이 일을 위해 아무 준비도 갖추지 못했어'라고 생각하면서 병원의 주차장에 앉아 있었다. 나는 기도했다. 그리고 내가 할 수 있는 한 가지 일이 듣는 것이라고 생각했다. 다른 일은 못한다 할지라도, 나는 주의 깊게 귀담아 들어주고 그녀와 함께 기도를 할 수는 있었다. 나는 그 사실을 염두에 두고 병원에 걸어 들어가 그녀의 방에 가기 위해 엘리베이터를 탔다.

그녀의 실제적인 필요가 무엇인지를 파악하는 데에는 많은 대화가 필요하지 않았다. 나는 이렇게 말했다. "저는 당신이 어떤 일을 겪게 될지 모릅니다. 정말로 듣고 싶군요"

그녀는 이렇게 말했다. "처음에는 난소암으로 시작되었어요. 그리고는 제 하부 신경에까지 번졌어요. 그 고통은 산고를 겪는 여자가 겪는 고통처럼 극심한데 전혀 가시지를 않는답니다. 저는 13살 된 딸의 방문을 받을 때 정신이 맑을 수 있도록 처음에는 진통제를 먹지 않으려고 싸웠답니다. 하지만 그 후에는 고통이 너무 커졌답니다."

몇 시간 후 우리가 대화를 마쳤을 때, 그녀는 그리스도를 영접하기 위해서 기도했다. 내가 병원을 걸어 나왔을 때, 나는 기운이 쭉 빠져 있었다. 나는 차 문을 열고 눈을 감은 채 자리에 몸을 던졌다. 나는 주님께서 이 여자에게 도움을 베풀 수 있도록 도우셨을 알고 있었다. 그러나 나는 또한 위기에 처한 사람들을 돕는데 포함된 모든 문제들을 다루는 능력이 부족함을 알고 있었다. 그 때 거기서 나는 가능한 한 모든 위기 처리 기술을 배우기로 결심했다.

그렇게 했음에도 불구하고, 내가 항상 내 감정을 완전히 통제하는 것은 아니다. 때로 나는 불편함을 느끼고 당황해 한다. 그것은 괜찮은 일이다. 그것은 효과적인 사역을 감당하기 위해서 계속 성령님을 의지하게 만들어 준다. 나는 결코 내가 위기 상황을 해결하리라는 생각을 가지고 그 상황에 뛰어들지 않는다. 나는 내가 배운 기술들을 사용해 왔다. 그러나 오직 성령님께서 그 기술을 어려운 처지에 처한 사람에게 사용하실 때에라야만 그 기술들이 효과를 발휘할 수 있는 것이다.

●위기는 기회이다. 어떤 면에서, 나는 위기들을 기대하기를 배워 왔다. 그것은 내가 그 위기들이 초래하는 피해 때문이 아니라 하나님께서 그 결과를 가져다 주시는 유익 때문이다.

1. **사람들은 성장한다.** 어느 날 밤 성도 중 한 사람인 사라(Sara)가 전화를 걸어 39세 된 자기 남편이 죽었다는 소식을 알렸다. 그들이 함께 휴가를 가 있는 동안에 그가 심장마비로 사망한 것이었다.

그녀에게는 도울 사람이 아무도 없었다. 내 아내와 내가 끼어들었다. 그 결과로 다음 며칠 동안 그녀와 지극히 가까와졌다. 그 때까지, 그녀는 교회 활동에 최소한으로 참여하고 있었다. 그녀는 우리와 교회를 통해서 그리스도를 체험함에 따라서 그 체험을 다른 사람들과 함께 나누기를 원했다. 이제 사라는 어려운 처지에 처한 사람들을 돌보는 데 깊이 관여하고 있다. 그녀의 위기는 비극이었다. 하지만 그녀는 더 강한 사람이 되었으며, 더 헌신된 신자가 되었다.

2. 관계들은 심화된다. 대부분의 사람들은 목사가 가장 어려운 시기에 그 자리에 있었다는 사실을 결코 잊지 않는다. 우리 가족은 그녀가 위기를 맞기 전에 그녀를 세번째 줄에 앉아 있었던 붉은 머리를 한 여자로만 알고 있었지만 이제는 교회의 여느 사람과 다름 없이 그녀와 가까이 지낸다. 목사들이 교회를 떠난 후에, 그들과 계속 접촉을 가지는 사람들은 그들이 종종 위기 상황 중에 도운 사람들이다.

3. 일종의 만족감이 나를 채운다. 나는 위기들이 나의 소명의 일부분이기 때문에, 그리고 위기 처리 훈련을 받는 데 상당한 노력을 투자했기 때문에, 사람들의 생명을 구하기 위해 집에 뛰어들어가 그들을 어깨에 부축하고 나오는 소방수들이 느끼는 것과 흡사한 만족감을 느끼게 된다. 이것은 메시아 콤플렉스(the messiah complex)가 아니라 내가 중요한 일―하나님께서 내게 명하신 일―을 행하고 있다는 정당한 인식이다.

나는 목사로서 행하는 그밖의 수고에 따르는 열매들은 즉시 볼 수 없지만, 위기 상황 가운데 상담을 할 경우에는, 종종 매우 빨리 확실한 결과들을 보게 된다.

위기를 다루는 방법

나는 특별한 위기에 대한 계획을 세울 수는 없을지 몰라도, 위기가 그 모습을 나타날 때 취해야 할 단계들을 미리 결정할 수는 있다. 여기에 내가 지키기 위해 애쓰는 행동 지침이 있다.

● **함께 있어 주라.** 내가 교회에 지원한 주일에 일어난 비극의 와중에서, 그 교회의 한 여자가 비극을 당한 가정을 찾아 와서 슬픔을 당한 어머니의 어깨에 팔을 두르고 소파에 함께 앉아 있었다. 그 오후 내내 그녀는 채 열 마디도 하지 않았다. 그러나 그 어머니는 후에 이렇게 말했다. "나는 그녀로부터 다른 어떤 것보다도 큰 위로를 받았어요." 함께 있어 주는 것은 이처럼 강력한 효과를 나타낸다.

고통과 마음의 상처는 사람을 소외시킨다. 건강 상의 위기에 처한 사람이 특히 그렇다. 환자는 소외된 상황에 처해 있다. 그는 인격체라기보다는 문제를 가진 사람으로 취급받는 것이다. 고통에 처한 사람들은 거북이가 껍질 속으로 들어가듯이 몸을 숨기고 싶어한다. 그러나 소외는 그 고통을 심화시킨다.

따라서 위기에 처한 사람들에게는 우선 다른 사람들이 그들과 함께 있어 주는 것이 필요하다. 앞에서 언급한 여자가 보여 주었던 것과 같은 의미 깊은 접촉은 희생자들을 소외로부터 벗어나도록 도와 준다. 그러나 접촉—위기의 언어는 본유적(本有的)인 권위를 가지고 있다.

•**경청하라.** 목사가 저지를 수 있는 가장 큰 실수 중 하나는 위기의 초기 단계에 답변과 해결책을 제시하는 것이다. 이 단계에서는 위기의 희생자들에게 필요한 것은 처방이 아니라 설명이다. 따라서 나는 그들로 하여금 일어난 일과 그들의 느낌, 그리고 그들이 겪게 될 일을 정확하게 묘사하게 한다. 성급하지 않게 경청하는 것보다 더 사랑과 관심을 전달할 수 있는 것은 아무 것도 없다.

이것은 좋은 충고를 하고자 하는 유혹까지도 물리치는 것을 의미한다. 우리 모두는 판에 박은 말들이 위로보다는 고통을 초래한다는 사실을 알고 있다. 위기의 희생자들에게 손쉬운 답을 제공할 때, 그들은 우리가 그들의 마음의 상처가 얼마나 깊은지를 모르고 있다고 느끼는 것이다.

그러나 너무 이르게 진리를 부여하는 것조차도 유익보다 손해를 끼칠 수 있다. 비록 어떤 사람이 우리가 슬픔의 문제로 상담한 50번째 사람이라 할지라도, 그 슬픔을 겪고 있는 사람에게는 그것이 자기만의 체험인 것처럼 느껴진다. 그러므로 미망인에게 "당신만이 이런 체험을 겪는 것은 아닙니다. 우리 교회의 다른 사람들도 이런 일을 겪었습니다. 그러니 당신도 그럴 것입니다"라고 말하는 것은 그녀의 상처를 얕잡아 보는 것이다. 후에 그 사람이 같은 일을 겪은 사람들과 접촉을 갖고 싶어하게 될지도 모르지만, 그 사람은 우선 이러한 체험이 다른 모든 체험과 어떻게 다른지를 표현할 필요가 있을 뿐이다.

종종 나는 상황 또는 사람을 미리 판단하기 때문에 잘 듣지 않는 경우가 있다. 나는 언젠가 결혼의 위기에 처한 한 커플을 상담했을 때 그런 실수를 저질렀다. 그들은 그 교회의 성도가 아니었다. 따라서 나는 그들이 나를 만나기 위해 왔을 때, 그들에 관해서 아무 것도 모르고 있었다. 그러나 화가 날대로 나 있었던 그 아내는 처음부터 그녀를 좋아하기를 어렵게 만들었다. 그녀는 교회를 조롱하고 우리 예배를 "개와 당나귀쇼"라고 부르기까지 하였다.

나는 그녀의 주장을 들어볼 필요도 없다고 느꼈으며, 솔직히 말해서 정중하게 그들을 돌려 보내고 싶었다. 그러나 상담이 계속됨에 따라서 나는 그녀의 분노의 근원 중 일부를 발견했다. 그녀는 어린 시절에 성적인 학대를 겪었다. 진상을 더 알게 될수록, 나는 그녀를 돌려 보내기를 덜 원하게 되었다.

처음 상담부터 상담의 상황들이 분명한 경우는 좀처럼 없다. 나는 상담을 하면 할수록 인간의 본성에 관해서 더 많이 알게 된다. 그리고 사람들을 조급하게 판단할 수 있다는 느낌을 덜 가지게 된다. 더욱이 나는 이 사람과 문제를 독특한 것으로 만드는 요인들에 귀를 기울인다.

●**상황을 분명하게 하라.** 건강상의 위기들은 이루어져야 할 과정, 기증되어야 할 장기들(organs), 사용되어야 할 생명 보조 장치에 관한 결정을 신속하게 내릴 것을 요구한다.

한 사람의 죽음은 그 친족들로 하여금 장례 절차, 재산 분배, 생활 계획, 재정 계획, 그리고 법적인 문제들과 같은 수 많은 문제들을 직면하게 만든다.

실업은 사람들로 하여금 퇴직, 교육, 자신의 신원, 그리고 살아야 할 곳을 재평가하게 만든다.

위기의 회생자들은 인생을 변화시키는 많은 결정들을 내려야 하며 대개 스트레스를 받는 시기를 겪게 된다. 어느 한 가지 결정만이 힘든 것이 아니다. 많은 결정을 한꺼번에 내려야 하는 것은 당혹스러운 일이다.

결정을 내리는 일이 위기에 처한 사람들을 얼어붙게 만드는 것은 놀랄 일이 아니다. 그들은 객관적으로 문제들을 밝히고, 우선순위를 정하고, 가치들을 분명히 해 줄 누군가를 절실히 필요로 하고 있다.

교회의 성도가 사랑하는 사람을 잃었을 때, 나는 만사를 제쳐놓고 그 가족에게 달려간다. 나는 또한 그들과 함께 장례를 치르는 집에 가서 그들에게, "저는 여러분이 장례 인도자가 무슨 일을 하고 있는지를 이해하실 수 있도록 도와 드리고 싶습니다"라고 알려 준다. 우리는 입관실에 들어간다. 그러면 나는 그들이 관을 산다는 것의 의미와 사랑하는 사람에 대한 그들의 감정이 값비싼 관으로 표현될 필요가 없음을 분명히 알 수 있도록 도와 준다. 또한 나는 문서를 모으는 일을 도와 준다.

나는 한 가족이 의사, 장례식 인도자, 그리고 법관을 대하는 일을 어떻게 단호하게 도울 수 있는가에 관해서 열쇠가 되는 원칙을 배워 왔다. 만일 이런 전문가들이 하는 일이 사리에 닿지 않는다면, 그들은 거기 틀림없이 위기의 희생자에게도 사리에 닿지 않는 일을 하고 있다. 그런데 그 희생자는 보통 너무 많은 질문을 하는 데 위협을 받고 있다. 그래서 나는 그 희생자를 대신해서 질문을 한다. 나는 전에 이런 일들을 겪은 적이 있기 때문에 기술적인 언어와 절차와 결정들을 해석하는 데 도움을 줄 수 있다.

이것들이 내가 분명하게 하고자 하는 유일한 일들은 아니다. 사람들은 자신의 감정을 해석함에 있어서 도움을 필요로 한다. 분노가 이 사람의 결혼 문제의 분수령인가 아니면 분노가 어떤 실수에 대한 죄책감을 가리고 있는 것인가? 장례식에서 쓰러진 여자는 단지 자기가 잃은 사람을 슬퍼하고 있는 것인가 아니면 늘어난 자신의 책임에 분개하고 있는 것인가? 분류와 해석의 일은 우리가 하는 일 중에서 가장 중요한 일이다.

● **위기의 통제력에 손상을 입히라.** 위기들은 쉽사리 통제를 벗어난다. 대부분의 사람들은 한 번에 한 위기만을 다룰 수 있다. 그러나 모든 위기는 다른 감정적, 재정적, 직업적, 가정적, 신분적 위기들을 낳는 능력을

가지고 있다. 희생자들은 신속히 희망을 잃는다. 어떤 사람이 공격을 받기 쉬울 때, 모든 것이 이미 흔들리고 있을 때, 위기들이 초래하는 일들은 엄청난 피해를 입힐 수 있다.

결혼 분쟁을 살펴 보자. 아내가 남편의 간음에 관해 알게 된 직후로 나를 찾아 온 한 커플이 있었다. 그는 자기 비서와 삼 년 동안 관계를 가졌다. 나는 한 번의 상담으로 그들의 문제를 해결하리라고 생각하지 않았다. 하지만 나는 산불을 억제할 필요가 있었다.

첫째로, 나는 그들이 헤어지는 것을 막고 싶었다. 게다가 그들에게는 세 자녀가 있었다. 나는 그녀가 어쩌면 집에 와서 이렇게 말하고 싶을지도 모른다고 생각했다. "너희 아버지가 한 일을 보거라." 아마도 그녀는 잘 알고 있었던 상대 여자에게 전화를 걸어 꺼지라고 말하고 싶었을 것이다. 그녀는 지옥의 불을 지폈을 수도 있을 것이다. 집을 나가 아무도 만나지 않을 수도 있을 것이다. 이 모든 일이 위기를 추가할 수 있었을 것이다. 그것은 그 때 그들에게 필요한 일이 아니었다.

그러므로 우리는 그 첫번째 방문 시에 최소한의 할일을 정했다. 나는 그들의 이야기를 듣고, 간통이 어떻게 발전되었는가를 추적할 필요가 있었다. 그리고 그녀로 하여금 그녀가 처음에 가졌던 분노와 그의 방어적 태도가 그들이 서로를 태워서 재로 만들 수 없는 곳에서 발산되게 할 필요가 있었다. 그녀는 "그에게 화를 내는 것이 당연합니다"라는 나의 말을 들을 필요가 있었다. 반면에 그는 "당신이 한 일은 당신의 결혼과 당신의 삶에 복구가 불가능한 피해를 입히지는 않았습니다. 당신에게는 여전히 희망이 있습니다"라는 말을 들을 필요가 있었다. 우리는 그 불꽃들을 가능한 한 적은 영역에 가두어 두고자 애썼다.

이 년 후인 지금, 그들은 함께 살고 있다. 그들은 여전히 불에 탄 나무들을 치우고 있지만 함께 노력하고 있다.

● **다음 단계를 보여 주라.** 한 여자가 내게 전화를 걸어 흐느끼며 이렇게 말했다. "오늘 만나 뵈어야겠어요." 나는 즉시 그녀를 만나기로 동의

했다. 그녀가 나를 찾아 왔을 때, 나는 그녀가 그리스도께 헌신하기 전에 행한 두 차례의 인공유산에 대해서 견딜 수 없는 죄책감을 느끼고 있음을 발견했다. 어느 날 그녀의 상황을 알지 못하는 한 친구와 대화를 나누는 중 그것이 심각한 문제로 대두되었던 것이다.

그 첫번째 만남에서, 나는 그녀에게 그리스도의 용서에 관해 확신시켜 주었다. 그러자 그녀는 슬픔의 과정을 벗어나기 시작했다. 상담을 끝냈을 때, 나는 그녀에게 "다음 주에 다시 이야기합시다"라고 확신을 심어 주었다. 그녀의 감정은 너무나 연약했다. 나는 그녀가 신경을 쇠약하게 만드는 죄책감에 빠져 들어가지 않도록 지속적인 도움을 필요로 하고 있음을 알고 있었다.

위기에 처한 사람들은 어두운 미래 앞에서 떨고 있다. 그들은 다음 단계를 비춰 주는 빛을 필요로 한다. 그들은 임박한 미래에 돌봄과 관심을 기대할 필요가 있다. 따라서 나는 언제나 "내일 전화하지요"라든가 "화요일 오후 세시에 만납시다"라는 말로 나의 첫번째 상담을 마친다. 나는 다음 번에 무엇을 할 것인가를 분명히 한다. 나는 너무 먼 미래에 대해서는 지나치게 분명히 설명하지 않는다. 얼마나 오랫동안 상담이 이어질 것인가는 그들이 나의 첫번째 관심에 어떻게 반응하는가에 달려 있다.

나는 위기를 해결할 상세한 계획을 가지고 그들을 압도하지 않는다. 나는 그들에게, "우리는 한 번에 한 단계씩을 취할 겁니다"라고 말한다. 어쨌든 대부분의 사람들은 다음 단계를 넘어선 일들을 별로 알 수 없다.

다양한 위기들의 독특성을 인식하라

모든 위기가 비슷한 접근 방법을 요구하지 않는 것처럼, 모든 위기가 유사한 것은 아니다. 각 유형의 위기마다 독특한 기술, 관심, 그리고 초점을 요구하는 것이다.

●**죽음.** 경청과 공감에 덧붙여서, 나는 사람들이 슬픔의 단계를 이해함으로써 도움을 받는다는 사실을 발견하게 된다. 그런 방법을 통해서

그들의 변덕스러운 감정들이 그들을 당황하게 만들지 않게 되는 것이다.

●**가정 폭력.** 여러 해 동안, 많은 학대받는 아내들이 내게 전화를 걸어 자기들이 구타를 받아 왔으며 다시 구타를 당할까봐 두렵다고 말했다. 우리는 이런 문제로 오후 세 시에 약속 시간을 정하는데 시간을 낭비할 필요가 없다. 그 대신에, 나는 그녀에게 경찰서에 전화를 걸어 피난처를 구하라고 이야기한다. 그리고 그곳에서 그녀와 만남을 가지는 것이다.

나는 가정 폭력에 대해서는 즉각적이고도 특별한 지시를 내린다. 왜냐하면 희생자가 당황하고 있고, 자기 상황을 비뚤어지게 이해하고 있기 때문이다. 여자들은 종종 책임감을 느낀다. 그에 덧붙여서, 그들은 구타를 당한 후에 '자 이건 아무도 모르는 일이야. 다시는 이런 일이 일어나지 않을거야. 사정이 더 나아질 거야'라고 생각한다. 그러나 대개는 사정이 악화되기 마련이다.

●**아동 학대.** 법은 내가 보고 들은 아동 학대 사건을 즉시 보고하도록 요구하고 있다. 그러나 이차적인 자료를 릴레이할 시점이 이를 때, 나는 단지 직접 보고 들은 것만을 보고한다. 나는 "자기 아버지에게 구타를 당하는 한 아이를 알고 있습니다"라고가 아니라 "한 여자가 오늘 자기 아이가 남편에 의해 정기적으로 구타를 당하고 있다고 내게 보고했습니다"라고 보고한다. 어떤 일이 일어나고 있는가를 정확히 알아내는 것이 법 제도가 할 일이다. 그리고 보고 들은 바를 보고하는 것이 나의 법적인 책임이다.

●**결혼상의 갈등.** 분노는 종종 진전을 방해하는 가장 큰 장애물이 된다. 아내와 남편으로 하여금 서로에게 분노를 폭발시키게 한 후에, 나는 그들이 한 걸음 물러나 자기들의 위기에 대한 장기간의 해결책을 찾는 단계를 취하도록 만들기 위해 애쓴다. 그럴 때 비로소 우리는 건설적인 작업을 시작할 수 있는 것이다.

●**직업 상실.** 실업자들에게 있어서는, 위기의 큰 부분이 자기 정체성이다. 특히 남자는 온 가족의 경제적인 책임이 자기 것이라고 생각한다.

그런데 그는 직업을 잃었다. 사회가 "남자는 그 남자가 하는 일 자체이다"라고 말하기 때문에 그는 자기가 실패자인 것처럼 느끼게 된다. 어쩌면 그는 아내나 자녀들로부터 그런 말을 들을 수도 있다.

나에게는 이러한 사례들에 대해서 두 가지 즉각적인 목표를 가지고 있다. 첫째로, 나는 사람들이 그들의 경제적인 능력 밖에서 가치를 느낄 수 있도록 도와 준다. 둘째로, 나는 당면한 경제적인 압박이 가해지는 부분—채무 지불, 벌과금—을 발견하고, 그 사람이 그 문제를 해결할 수 있는 방법을 발견하도록 도와 준다.

● **자살의 위협.** 자살한다고 위협하는 대부분의 사람들은 자기들이 모든 것—죽음을 제외한—에 대한 통제력을 상실했다고 느끼고 있다. 따라서 내가 절대로 하지 않는 일은 "자살하지 마십시오. 그건 잘못된 일입니다. 당신이 상처를 줄 사람들을 생각해 보십시오"라고 말함으로써 그들과 씨름하는 일이다. 그것은 그들의 절망감을 강화시킬 뿐이다.

나는 그들로 하여금 대화에 있어서도 통제력을 가지게 한다. "당신의 삶에 어떤 일이 일어나고 있는지를 말씀해 주십시오." 나는 그들이 방금 취한 적극적인 행동을 긍정한다. 그들이 내게 전화를 걸었다고 하자. "당신이 누군가에게 손길을 뻗치신 것은 정말 잘 한 일입니다. 그렇게 하는 것은 중요한 일이지요." 나는 그들이 이미 자기들의 삶을 통제했음을 느끼게 해 준다. 그 전화는 그렇게 하기에 훌륭한 도구였다.

나는 사역 초기부터 위기에 처한 사람들을 도울 기회를 의도적으로 찾았다. 나는 병원과 경찰과 소방서의 목사를 지원했다. 또한 나는 교회 밖의 로타리 클럽 같은 조직들에 속한 사람들과의 교제의 폭을 넓혔다. 그것은 목사가 없는 그 공동체들 내의 위기에 처한 사람들로 하여금 나를 찾을 수 있게 하기 위함이었다. 나는 교인들에게 내가 우리 교회의 크기에 상관 없이 위기 상황에 도움을 줄 수 있다는 사실을 강조하고 있다.

왜 스스로 더 많은 문제들을 떠맡는가? 위기들은 사람들에게 있어서 삶을 정의하고, 길을 결정하는 순간들이다. 만일 그리스도를 대표해서 도움을 베푸는 누군가가 그들의 편에 서 있다면 그들은 하나님께로 더 가까이 끌리게 될 것이다. 그리고 결국 그것이 나의 사역인 것이다.

나는 특히 단기 상담에 있어서 첫번째 상담부터 문제 해결을 시작하는 것이 가능할 뿐 아니라 필수적이라는 사실을 발견하게 된다.

−짐 스미스

제 6 장
단기 상담

단기 상담은 짧을 수는 있지만, 반드시 간단하지만은 않다.

제니(Jenny)의 딸은 결혼을 하려 하고 있었다. 그런데 제니는 기쁘지 않았다. 물론 제니는 이십대 후반인 딸 린(Lynn)이 스스로 결정을 내리기에 충분한 나이임을 인식하고 있었다. 제니는 또한 린이 훌륭한 직업을 가진 그리스도인 청년과 결혼한다는 사실도 알고 있었다. 그런데도 제니는 여전히 기쁘지 않았다.

한 가지 사실을 들자면, 린은 두 달 안에 결혼식을 올리겠다고 선언했다. 그것은 제니에게 계획할 시간을 거의 주지 않았다. 그녀는 모든 사람들이 린의 결혼식을 찰스 황태자(Prince Charles)와 다이아나 황태자비(Lady Di)의 결혼식을 잊게 만들 만한 사건으로 만들 것을 항상 꿈꾸고 있었다. 수천 명의 하객이 참석하고 달라스의 가장 좋은 클럽에서 호화스러운 피로연을 여는 그런 결혼식을 말이다. 그러나 두 달이라는 시간 동안 제니가 꿈꾼 결혼식을 계획하기란 전혀 불가능했다. 그 꿈은 삼백 명 정도의 손님을 정원에 초대하는 정도로 축소되었다.

더욱이, 린의 약혼자는 제니가 바라던 사위의 모습과 일치하지가 않았다. 그는 그리스도인이 되기 전에 마약에 빠졌었으며, 나쁜 친구들과 어울려 난잡한 삶을 살았었다. 최근 몇 년 동안 생활을 바로 잡기는 했지만, 그는 달갑지 않은 과거를 가진 청년이었다. 반면에 제니의 딸 린은 엄격한 보호를 받는 부유한 환경 가운데 성장하였다.

제니는 상담을 받으러 왔을 때 자기의 꿈을 잃어버린 사실을 슬퍼하고 있었다. 그녀는 내게 이렇게 말했다. "린이 몇 달만 더 기다려 준다면 정말 훌륭한 결혼식이 될거예요. 하지만 그 애는 성대한 결혼식을 원치 않는다고 말한답니다. 스코트(Scott)와 결혼하고 싶을 뿐이라는 거예요. 왜 젊은이들은 항상 그렇게 서두르는 걸까요? 오랜 세월을 함께 보낼텐데 왜 그렇게 결혼을 서두르는지 알 수 없군요."

나는 이렇게 말했다. "자녀를 양육하는 데에는 한계가 있기 마련입니다. 아장아장 걷는 아이의 뜻을 꺾는다는 것도 어려운 일이지요. 하지만 린은 자기가 바라는대로 살 권리를 가진 다 자란 성인입니다. 원할 경우에는 자기의 삶을 망쳐 놓을 수도 있는 겁니다. 당신은 딸과 함께 대화를 나누고 당신의 생각을 함께 나눌 수는 있습니다. 하지만 그녀는 지금 자기 마음대로 하기를 원하고 있습니다."

나는 그녀와 탕자의 비유에 대해 대화를 나누었다. 그리고 예수님께서 그 비유를 잃어버린 동전과 잃어버린 양의 비유와 어떻게 하나로 묶어 말씀하셨는지에 관해서도 대화를 나누었다. 그녀는 이 비유들로부터 약간의 격려를 받았다. 그녀는 이렇게 말했다. "저는 딸이 원하는대로 내버려 두어야 한다는 사실과 제가 딸의 삶을 지배할 수 없다는 사실을 알고 있습니다. 그리고 저는 저와 린의 관계가 확고하다는 데—가끔 충돌을 일으키기는 하지만—감사를 드립니다."

우리는 한 시간 남짓 대화를 나누었다. 나는 제니가 표현한 감정들뿐 아니라 그녀가 의식하지 못했을지도 모르는 숨겨진 감정들에까지 귀를 기울였다. 결국, 우리 두 사람은 그녀가 가능한 한 사람들 앞에서는 린을 위해서 기뻐하는 동시에 자기의 슬픔을 극복해야 한다는 데 동의했다. 그녀는 마음 속으로 매우 불완전한 것으로 생각했던 상황으로부터 최선의 결과를 끌어내기로 결심하고 내 사무실을 떠났다.

그 짧은 만남에 너무나 많은 것이 포함되어 있었다. 그것은 단순히 딸에게 관심을 가진 어머니를 위로하는 문제가 아니었다. 몇 가지 기술과 개인적인 체험이 그 문제를 다루는 데 도움을 주었다.

사실상, 단기 상담은 내가 몇 가지 사실을 염두에 두고 시행할 때 사람들을 도울 수 있는 가장 효과적인 방법 중 하나이다.

단기 상담 대(對) 장기 상담

나는 단기 상담의 목표와 장기 상담의 목표 간의 차이를 염두에 두어야 한다.

장기 심리 치료의 목표는 피상담자들의 행동 상의 근본적인 변화를 성취하는 것이다. 옛 습관을 뽑아버리고 새 습관을 심는 이 과정에는 상당한 시간이 요구된다.

단기 상담은 당장의 감정적, 영적 문제에 빠져 있는 사람들을 돕는 강력하고도 효과적인 수단이 될 수 있다. 대개 그것은 피상담자들이 처한 어떤 즉각적인 위기나 사건을 다루고, 사람들이 어떤 커다란 상실이나 중요한 전기(轉機)—실직, 슬픔, 무너진 우정, 외로움, 양육 상의 문제들, 결혼 상의 다툼들—를 통과한 후에 겪는 후유증을 통과할 수 있도록 도와 주는 것을 포함한다. 그리고 단기 상담은 정의상 기간이 짧다 : 사주에서 팔 주 정도.

아마도 혼전(婚前) 상담은 목사들이 단기 상담을 하는 가장 보편적인 상황일 것이다. 혼전 상담은 대개 병리학(病理學)에 초점이 맞춰지지 않는다. 오히려 그 목적은 인생에서 두번째로 중대한 위탁(life's second greatest commitment)을 하고 여행을 떠나려고 하는 두 사람을 위해 길을 다져 주는 것이다.

나는 나 자신을 뗏목 여행(때로 결혼과 매우 유사한 것으로 간주된다)을 막 떠나려 하는 강 안내원으로 간주한다. 한 커플에게 "이 마일쯤 가면 급류가 있지만, 물살이 곧 잠잠해질테니 너무 걱정 마시오"라고 이야기해 주는 것은 그들이 물살을 헤쳐 나가는 데 도움을 준다.

나는 또한 그 커플이 물살을 헤쳐내려가는 동안 스스로 어쩔 도리가 없을 때 다시 나를 찾아 올 수 있도록 계속해서 관계를 쌓기를 원한다. 그리고 너댓 번의 그러한 방문을 통해서 한계가 있지만 중요한 그러한 목표가 이루어질 수 있는 것이다.

상황 평가

그렇다면 첫번째 과업은 내 사무실 안에 있는 사람이 단기 상담을 요하는가 아니면 장기 상담을 요하는가를 결정하는 것이다. 그러므로 나는 첫번째 상담에서 피상담자의 말을 들을 때, 나 자신에게 몇 가지 질문을 한다. 만일 내가 이 질문 모두는 아니더라도 대부분에 대해서 부정적으로 대답하게 된다면, 아마도 나는 그 상황을 단기 상담을 해야 할 상황으로 접근하는 편이 안전할 것이다.

● 이 사람의 삶에 계속 진행 중인 가족 또는 개인적인 갈등이 존재하는가? 이 문제에 반복되는 경향이 나타나는가?

● 이 문제에 중독 현상이 분명하게 나타나는가?

● 이 문제에 강박 관념에 의한 /충동적인 행동의 증거가 존재하는가?

● 장기적인 비정상적 행동의 경향이 존재하는가?

● 이 문제가 전문가를 요하는가?

어떤 남자가 상담을 받으러 와서 이렇게 말한다고 하자. "목사님, 저는 어떤 여자와 관계를 가지고 있습니다. 저는 수치심과 죄책감을 느끼고 있습니다. 저는 제 아내뿐 아니라 아이들, 교회와 주님까지 배반했다는 느낌이 듭니다. 어쩌면 좋겠습니까?" 나는 이 남자와 그가 갖고 있는 관계에 관해서 아무 것도 억측해서는 안된다. 나는 이런 질문들을 제기해야 한다. 이 관계가 "하루 밤"에 그친 것인가? 그것이 진행 중인 관계인가? 그것이 그가 여자들을 바꿔가면서 행하는 장기간의 습관의 일부인가?

이십여년 간의 결혼 생활을 통틀어서 처음이자 유일하게 성적인 유혹에 빠진 그 남자는 성적인 난잡함을 자신의 자아(ego)를 쌓거나, 자신의 남자됨을 입증하거나, 자기 만족을 구하는 방법으로 사용해 온 남자의 경우와는 전적으로 다르다.

두 남자 모두가 하나님의 용서를 발견할 필요가 있다. 그러나 두번째 남자는 자기를 침대에 뛰어들게 움직이는 것이 무엇인지를 이해할 필요가 있다. 그는 충동적인 행동의 문제를 안고 있다. 그리고 그는 왜 그런 행동을 하는가를 이해할 수 있도록 장기간의 심리 치료를 받을 필요가 있다.

첫번째 남자는 다만 무엇이 그의 행동을 초래했는지와 그런 일이 일어나는 것을 막기 위해서 어떤 조치가 취해질 수 있는지를 이해할 필요가 있다.

첫번째 상담의 또 한 가지 열쇠는 일반적인 문제들이 포함되어 있는가?라는 것이다. 예를 들어, 중독의 영역에 대한 일부 연구들은 사람들이 유전적인 요인과 환경적인 요인 두 가지 모두에 의해 중독적인 행동에 빠질 수 있음을 지적하고 있다.

이 남자의 간통에 관해 조사하는 중에, 나는 그의 문제가 가족의 경향의 일부라는 사실을 발견할 수 있다. 그의 아버지가 바람을 피우는 사람이었다. 그의 누나도 성인이 된 이후로 줄곧 난잡한 생활을 해 왔다. 그의 형도 여섯 번이나 결혼했다. 그의 가정이 감정적으로 건전한 사람들을 산출하지 않았다는 사실이 곧 명백해지는 것이다.

이것은 다음과 같이 말하는 사람의 경우와 매우 다른 경우이다. "저는 정말 좋은 가정 출신입니다. 그래서 저는 제가 받은 가정 교육을 어겼다는 사실을 부끄럽게 생각합니다."

그럴 때 이러한 질문들에 대한 답변들은 종종 커다란 빙산의 감춰진 부분처럼 피상담자의 의식의 표면 하에 자리 잡고 있는 감춰진 문제들을 지적해 준다. 그러나 종종 문제가 "여러분이 보는 것이 여러분이 얻는 것입니다"(what you see is what you get)라는 말에 해당되는 경우가 있다. 어떤 문제들은 단지 나쁜 타이밍, 또는 잘못된 선택의 문제이다. 이러한 문제들은 너덧 번의 상담을 통해서 교정될 수 있다.

목사의 가장 큰 유혹

목사가 첫번째 상담 중에 받게 되는 중대한 유혹은 사람들의 고통을 덜어주고자 하는 것이다.

엘로이세(Eloise)가 슬픔을 해결하기 위해 상담을 받으러 온다고 하자. 삼십 세가 넘은 그녀의 남편 로저(Roger)는 두 주 전에 죽었다. 나는 슬픔을 겪고 있는 그녀를 돕는다. 그녀와 함께 기도한다. 그녀와 함께 말씀을 나누고, 그녀에게 천국과 부활의 실재에 대해 다시 확신시켜 준다. 그녀의 고통을 경감시켜 준다. 그리고 그녀를 보낸다.

그렇게 할 때 나는 그녀에게 비극적인 불친절한 행위를 하게 된다.

엘로이세의 경우에는 슬픔 이상의 문제가 다뤄져야만 했다. 그녀는 불건전한 방법으로 남편 로저에게 빠져 있었다. 그녀는 그의 내부에 자신의 정체성을 감춰두고 있었다. 그녀는 스스로의 삶을 소유한 적이 전혀 없었다. 이제 그녀는 남편에 대한 의존을 아들에게로 옮겨가고 있었다. 거기에는 상호 의존에 속한 주요한 문제들이 포함되어 있었던 것이다.

그러나 나는 엘로이세의 고통을 경감시켜 주기 위해서 그밖의 문제들을 간과하였다. 엘로이세의 삶에는 불치병이 자라고 있었다. 그런데 나는 그녀에게 일회용 반창고를 주었던 것이다.

우리 목사들은 일반적으로 인정이 많다. 종종 우리는 사람들을 고통에서 벗어나게 해주고 싶은 나머지 가장 큰 실수―단기 상담을 하는 동안에 장기간의 징후를 간과하는 것―를 범한다. 사실 나의 목회 경력 중에 다른 어떤 실수보다도 더 크게 후회하는 실수가 있다면, 그것은 그냥 내버려 두는 편이 나았을 때 사람들을 고통에서 벗어나게 해 주기를 지나치게 바라는 것이다.

나는 결코 아무 것도 억측하지 않기를 배웠다. 그리고 어떤 상황이 약간의 기도와 성경적인 확신을 심어 주는 것을 요구할 뿐일 때 결코 성급하게 결론을 내리지 않기를 배웠다. 사람들은 종종 자기의 문제의 핵심을 자기 자신에게조차 숨긴다. 너무 빨리 사람들을 올가미에서 벗어나게 함으로써, 우리는 그들의 부인(否認), 강박 충동들(compulsions), 그리고 죄의 뜻하지 않은 공범자가 되는 것이다.

또 다른 예를 들어 보자. 한 독신 여성이 아무하고나 잠을 자고 돌아다니면서 상처를 입고 나를 찾아 왔다. 그녀는 당혹감과 수치심을 느끼고 있었으며, 스스로를 정죄하고 있었다. 그녀의 수치심을 경감시켜 주고, 하나님의 용서를 제공하고, 자신에게 그렇게 가혹하기를 그치게 해 주기 위해 뛰어 들어 애쓰고자 하는 것은 유혹적인 일이다. 그러나 정말로 그녀에게 물어야 할 질문은 "왜 자신을 학대하십니까? 당신이 경멸하는 이 일을 다시 행하는 이유가 무엇입니까?"라는 것이어야 한다. 어디가 아프고 왜 아픈지를 발견하기도 전에 뛰어 들어 그녀에게 마취제를 투여하는 것은 중대한 실수가 될 것이다.

기대들과 과제들

문제를 평가하는 것이 첫번째 상담의 핵심적인 과업이다. 그러나 그것이 유일한 과업은 아니다. 나는 상담이 단기간이 될 것이라고 결정한 다음에는 즉시 일에 착수한다.

첫째로, 나는 피상담자가 상담 중에 일어나리라고 기대하는 바가 무엇인지를 결정할 필요가 있다.

예를 들어, 결혼 상담의 경우에, 나는 남편과 아내 두 사람 각자가 보는 대로 문제를 요약해 보라고 요구한다. 그리고나서 각자에게 그들의 결혼이 어떻게 달라지기를 바라는가를 묻는다. 그것은 그들이 상담을 통해서 성취하기를 기대하는 바(최소한 바라는 바)가 무엇인지를 내게 이야기해 준다. 나는 우리가 그 목표를 마음 속에 굳게 새길 수 있도록 종종 흑판에 그러한 기대 사항들을 기록해 놓을 것이다.

그리고나서 나는 네 번에서 여덟 번에 이르는 상담을 갖도록 그 커플과 계약을 한다. 그 기간이 끝났을 때, 우리는 네 번에서 여덟 번에 이르는 상담 계약을 다시 맺기 원하는지를 결정할 수 있다.

분명한 시간 계획을 정하는 것은 모든 사람의 마음의 초점을 당면한 과업에 맞추는 경향이 있다. 그것은 또한 피상담자들의 불안을 덜어 준다. 많은 사람들은 상담에 관해서 우려하는 마음을 가지고 있다. 상담이 영원히 지속 될지도 모른다고 생각하기 때문이다. 그리고 상담이 그들의 시간과 자원들을 고갈시킬 것을 두려워 하기 때문이다. 단기 상담은 처음부터 피차 간에 동의한 한계 내에서 일어나야 하는 것이다.

단기 상담에 있어서의 나의 목표는 피상담자들이, (1) 그들이 자기가 하고 있는 일을 하는 이유가 무엇인가, (2) 그들이 어떤 다른 행동들을 하고 싶어하는가, (3) 어떻게 다르게 그 행동들을 하려 하는가를 이해하도록 돕는 것이다. 과제들을 설정하는 것은 우리가 보다 빠르게 그 목표를 향해 나아갈 수 있게 움직여 준다. 따라서 나는 첫번째 상담이 끝날 무렵에, 대개 그 주 동안 해야 할 과제를 준다.

피상담자에게 과제를 주는 것은 특히 단기 상담에 있어서 중요하다. 왜냐하면 문제를 발견하고 해결하기 위해서 가질 수 있는 50분 동안의 상담의 회수가 제한되어 있기 때문이다. 과제들은 상담자와 피상담자 모두가 문제를 발견하고 신속히 그 문제를 밝힐 수 있도록 도와 주는 것이다. 나는 세가지 타입을 사용한다.

●**독서.** 예를 들어, 피상담자가 자신의 어린 시절을 더 잘 이해할 필요가 있을 경우에, 나는 다양한 양육 스타일들과 그 스타일들이 성인 생활 중에 초래하는 위험한 문제들을 묘사하고 있는 책을 읽어 오는 과제를 줄 수 있다. 그 피상담자는 집에서 그 책을 읽고 자기가 과거에 지나치게 제멋대로 행동했는지, 지나치게 꾸지람을 당하거나 무시되었는지, 아니면 지나치게 완전할 것을 요구받았는 지의 여부에 대한 통찰을 얻게 된다. 다음에 우리가 다시 만날 때, 그 피상담자는 이미 자신의 문제를 이해하는 길을 향해서 어느 정도 진보한 상태가 되는 것이다.

●**일기 쓰기.** 일기는 우리로 하여금 자신의 결정들과 감정들을 의식적으로 곰곰이 생각하게 해 준다. 종종 나는 피상담자에게 하루 동안 스스로에게 하는 말을 기록할 것을 요구한다 : 나는 나를 학대하고 있는가 아니면 격려하고 있는가? 나는 미래에 대해 희망적인가 아니면 패배주의적인가? 일기는 우리에게 감정적인 심전도(an emotional electrocardiogram)처럼 감정과 태도들에 대한 기록을 제공한다.

어떤 사람들, 특히 중독 현상에 빠져 있는 사람들은 거의 매 시간 일기를 적는다(비록 대부분의 강박 충동들이 장기 상담을 요구하지만, 일부는 사 오 주 동안에 효과적으로 해결될 수 있다). 그들은 공책이나 책을 가지고 다니다가 생각과 느낌, 유혹과 충동, 그리고 그러한 유혹과 충동들을 다루는데 효과를 나타낸(또는 나타내지 않은) 것들을 기록한다. 그것은 그들을 스스로의 파괴적인 습관들이 자동 조종하는 대로 사는 대신에 의식적으로, 생각하며, 의지적으로 살게 만드는 길이다.

●**숙제.** 숙제는 사람들이 자신의 문제를 파악할 수 있도록 돕기 위해 그들에게 요구하는 과제이다.

예를 들어, 서로를 향한 분노로 가득 차 있는 커플들을 상담할 때, 나는 그 적대감을 억제하고 상황을 바로 잡을 수 있는 작은 방법들을 발견하려고 애쓸 수 있다.

예를 들어, 나는 그 남편에게 다음 상담 시간까지 최소한 하루 한번 아내를 위해 매우 특별한 일을 해야 한다고 말할 것이다. 그는 그 내용을 다음 상담 시간에 가져 올 목록에 기록해야 한다. 그러나 그는 아내에게 "여기에 당신을 위한 좋은 일이 있소"라고 말해서는 안 된다. 그리고 그 아내도 꼭 같이 해야 한다.

이러한 과제는 몇 가지 효과를 나타낸다. 그것은 각 배우자로 하여금 서로의 필요에 초점을 맞추게 해 준다. 그것은 서로에게 친절을 베풀기를 시작하게 해 준다. 종종 친절한 행동에 친절한 감정이 따를 것이며, 치유가 시작될 것이다. 그것은 또한 그 커플에게 희망을 준다. 그들은 이렇게 생각하기 시작한다. '어쩌면 우리는 결국 이혼할 운명이 아닐지도 몰라. 어쩌면 우리에게 다시 시작할 기회가 있을거야.'

그러한 숙제가 없었더라면, 그 커플은 내 사무실에 들어 와서 서로에 대한 적대감을 쏟아 놓았을 것이다. 그리고나서 들어올 때와 마찬가지로 분노와 쓴 감정을 남겨 놓고 떠났을 것이다. 커플들이 갈등에 빠져 있을 때, 가능한 한 빨리 치유를 시작하는 것이 지극히 중요하다.

● **쓰기.** 이것은 피상담자들에게 다음 상담 시간에 토론을 할 수 있도록 일련의 질문을 주고 답을 써오도록 한다는 면에서 일기 쓰기와 약간 다르다. 예를 들어 보자.

－감정적으로 말할 때, 당신이 성장할 때 집에서 가장 따뜻한 방이 어떤 방이었습니까?

－당신의 어머니에 대해서 생각해 보십시오. 어머니에 대해서 생각할 때 떠오르는 핵심적인 단어들이 어떤 것들입니까?

－당신의 아버지에 대해 생각해 보십시오. 아버지에 대해 생각할 때 떠오르는 핵심적인 단어들이 어떤 것들입니까?

－여러분의 부모들은 돈에 대해 어떻게 생각했습니까?

－섹스에 관해서는 어떻게 생각했습니까?

－여러분의 가정에서 교육을 담당한 사람이 누구였습니까? 그 사람이 그 역할에 대해서 어떻게 느꼈습니까?

이러한 질문들은 그렇게 하지 않았을 경우에 상담 시간에 얻어야 하는 정보와 동일한 많은 정보를 얻게 해 준다. 나는 이러한 질문들을 서면으로 제출하는 과제로 내 줌으로써 훨씬 더 빨리 피상담자와 함께 문제를 해결해 나갈 수 있다.

일부 치료사들은 첫번째 상담이 정보를 수집하는 것으로 끝나야 한다고 믿지만, 나는 특히 단기 상담에 있어서 첫번째 상담에서 해결책을 찾기 시작하는 것이 가능할 뿐 아니라 필수적이라는 사실을 발견하게 된다. 나는 첫번째 시간부터 희망을 쌓기를 원한다. 그리고 과제는 희망을 쌓는 도구 중 하나이다. 과제는 피상담자들에게 그들이 이미 앞으로 나아가고 있으며, 치유 과정이 진행 중이며, 통찰들이 표면에 부각되기 시작하고 있다는 인식을 부여해 주는 것이다.

의도들

나는 첫번째 상담 시간에 무엇이 피상담자로 하여금 나로부터 도움을 얻기를 기대하도록 도울 수 있는가를 발견하려 애쓴다. 그리고 두번째 상담 시간에는 피상담자들 자신이 상담 과정을 통해 이루려고 의도하는 바가 무엇인지를 발견하려 애쓴다. 두번째 상담 시간에는 이 질문에 답변해야 한다: 피상담자가 얼마나 진지한가?

나는 피상담자가 내가 첫번째 시간에 부여한 과제를 어떻게 했는가를 질문함으로써 피상담자의 진지함을 평가한다.

만일 피상담자가 내가 과제로 부여한 것처럼 책을 읽었거나, 일기를 썼거나, 과제물을 끝내고 이해와 통찰을 가지고 두번째 상담 시간에 돌아 왔다면, 나는 피상담자의 의도가 진지하다고 판단하게 된다. 상담자가 노력할 준비를 갖추고 있다. 그러므로 우리는 계속 상담을 이어나가게 되는 것이다.

그러나 종종 과제를 마치지 않은 피상담자들이 "시간이 없어서 못했을 뿐입니다"라고 대답할 것이다. 그렇다면 그것은 내가 발견한 바에 따라서 약간 연구를 하고 반응할 때이다. 과제를 마치지 않는 주요한 이유들은 대략 다음과 같다.

•**게으름.** 약간의 토론 후에 피상담자가 단지 게으를 뿐이라는 사실을 알게 되는 경우가 종종 있다. 그렇다면 나는 이렇게 반응할 것이다. "당신은 우리가 여기서 하고 있는 일에 대해서 정말로 진지하십니까? 이것이 당신의 삶에서 중요한 우선순위를 차지합니까 아니면 우리가 서로와 농담을 하고 있는 겁니까? 당신은 건강해지고자 하는 결심에 대해서 나와 당신 자신에게 정직하십니까?" 종종 그렇게 질문하는 것이 그들을 일깨운다. 그러면 그들은 자신의 문제들을 더 심각하게 다루기 시작한다.

•**마술적인 해결책들을 찾는다.** 어떤 사람들은 나를 찾아 와서 내가 마술 지팡이를 흔들어서 자기들의 문제들을 쫓아내 주기를 바란다. 그런 사람들은 냉혹한 현실을 직시할 필요가 있다. 나는 종종 이렇게 질문한다. "당신은 그 결혼이 유지되리라고 생각하십니까? 아니면 제가 당신을 위해 모든 일을 해 주기를 원하십니까?"

어떤 커플이 내게, "우리는 다만 좋은 감정을 갖고 싶을 뿐입니다. 우리가 처음 결혼했을 때 가졌던 감정을 갖고 싶을 뿐입니다"라고 말한다면, 나는 그들에게 "글쎄요 지난 주에 저는 우연히 마술 지팡이 위에 앉아서 그걸 부러뜨려 버렸답니다"라고 대답할 것이다.

실제로, 내 친구인 한 상담자는 실제로 지팡이—그 위에 반짝이는 별이 새겨져 있는—를 가지고 있다. 그는 사람들이 그런 말을 할 때 그것을 꺼내 흔들면서 그들의 기대가 얼마나 어리석은가를 보여 주는 것이다.

•**고통의 회피.** 종종 사람들은 질병의 치유가 아니라 진통제만을 찾는다.

예를 들어, 어떤 사람들은 절실한 외로움을 느끼고 있다. 그들은 목사들을 다정한 아버지나 친구로 생각하기 때문에 상담을 받으러 온다. 그들은 과제물을 피하는 경향이 있다. 왜냐하면 그 과제물이 그들의 외로움이 주는 고통을 직시하게 만들기 때문이다.

종종 그런 사람들은 계속 치료하기가 어렵다. 여러분이 고통을 견딜 수 있는 정도까지 그들을 위로할 수 있는 순간에 그들이 사라져버리기 때문이다. 그들은 결코 자기들의 습관과 태도를 바꾸기 위해 상담을 받으러 온 것이 아니었다. 그들은 다만 자기들의 고통의 수준을 견딜 만한 정도로 낮추기 위해 왔을 뿐이다. 만일 여러분이 너무나 담대하게 그들의 고통을 대면한다면, 그들은 위협을 느끼고 포기할 것이다.

그러므로 그런 사람들은 부드럽지만 직접적인 방법으로 다뤄질 필요가 있다. "당신이 과제물을 해 오지 않으셨다는 사실에 관심을 가지고 있습니다. 그 과제를 다루기가 고통스러운 일인 줄은 알지만, 당신이 기꺼이 과제를 하지 않으시는 한 저를 계속 만나는 것은 별로 도움이 되지 못할 겁니다."

●**즉각적인 거부.** 어떤 피상담자들은 과제물에 대해서 화를 내거나 불쾌감을 표시한다. "이 과제물은 말도 안돼요! 저는 기분이 더 나아지기 위해서 여기 온 겁니다. 어리석은 과제 때문에 짐을 더하려고 온 것이 아니구요. 저는 중학생이 아니란 말입니다."

그런 경우에, 나는 그들이 다른 누구를 거부해 왔으며, 내가 그들에게 누구—아버지, 어머니, 아니면 배우자—를 대신하고 있는가를 발견하려고 애쓴다.

어쨌든, 과제에 대한 강력한 거부 반응은 그 피상담자들의 방어 심리가 작동했음을 이야기해 준다. 그리고 그것은 깊고 오래 된 감정적인 힘이 그 피상담자의 문제들 가운에 작용하고 있다는 단서를 제공해 주며, 그런 경우는 대개 그 피상담자를 전문가에게 위임하는 것이 필요함을 의미한다.

이런 사람들 역시 부드럽게 다뤄져야 한다. "아시다시피 저는 당신 자신의 이해와 유익을 위해서 매우 간단한 일들을 요청했었습니다. 그런데 당신은 그렇게 하는 것을 매우 불쾌하게 느끼시는 것처럼 보였습니다. 저는 당신의 거부 반응이 사실상 그 문제의 일부라는 사실을 알고 있습니다. 저는 당신의 문제들이 장기간의 도움을 요구하리라는 사실을 알고 있습니다. 그래서 저는 이런 문제들을 안고 있는 사람들을 아주 잘 도울 수 있는 사람에게 당신을 위임하고자 합니다."

나는 어떤 식으로든 사람들의 문제를 밝히는 데 도움을 주고자 한다. 그러나 나는 누구도 치유하지 않는다. 하나님과 피상담자가 치유 사역을 해야 하는 것이다. 만일 피상담자들이 기꺼이 그렇게 하고자 한다면, 변화가 일어날 것이다. 만일 그렇지 않다면, 나는 그들을 위해 아무 일도 할 수 없다. 사람들은 스스로의 문제를 해결해야 한다.

종 결

하워드(Howard)는 성공적인 변호사이다. 몇 해 전에 그는 아내 준 (June)과 함께 내 사무실에 앉아 있었다. 그녀는 울면서 자기를 "실패자"라고 부르고 있었다. 그의 봉급은 내가 섬기는 교회의 극빈자 다섯 가족의 음식과 의복과 집을 제공할 수 있었다. 그러나 그와 그의 아내는 빚을 지고 있었으며, 파산으로 법정에 설 찰나에 있었다. 그들은 자기들의 돈이 어디로 가는지 모르고 있었다. 그래서 나는 우리가 가진 처음 몇 번의 상담 시간에 그들에게 예산을 편성하는 데 대한 과제물을 주었다.

다음 주에 그들이 내 사무실에 왔다. 나는 예산안을 보여달라고 요청했다. 그들은 얼버무리면서 이런 저런 변명을 늘어 놓았다. 그래서 나는 종이 한 줌을 쥐고 이렇게 말했다. "보세요. 이건 뇌수술이 아닙니다. 그건 가족 예산안일 뿐입니다. 저는 여러분 두 사람이 현실을 다루고 싶어 하지 않을 뿐이라는 것을 알게 됩니다. 그러니 우리는 지금 당장 예산을 짤 겁니다. 하워드, 당신은 얼마를 버십니까?"

"150,000 불 정도 법니다."

"좋습니다. 그러면 당신은 28 퍼센트 안에 드는 고액 소득층이군요. 그러므로 미국 정부를 위해서 42,000 불을 떼어놓아 봅시다. 그러면 108,000 불이 남는군요."

그는 "그렇군요, 그리고 저는 제 사회복지 연금을 지불해야 합니다." 그래서 나는 그 액수를 계산에 넣었다. 그러자 그는 "그리고 제 연금이 있습니다"라고 덧붙였다. 그래서 나는 그 액수도 셈에 포함시켰다. 우리는 그가 마음 대로 사용할 수 있는 수입이 94,000 불로 줄어들 때까지 그는 부르고 나는 받아 적는 일을 계속했다. 우리는 그것을 열 둘로 나누었다. 그러니까 하워드와 준이 매달 쓸 수 있는 돈이 7,800 불이 되었다. 그리고나서 우리는 그들이 매달 고정적으로 지출하는 비용들을 모두 더했다. 그 액수는 8,500 불에 달했다. 우리는 그들이 한 달에 700 불 정도씩 적자를 내고 있다는 사실을 발견했다.

나는 이렇게 말했다. "왜 한 달에 거금 700 불씩 적자를 내고 계시는 이유를 아시겠죠? 그건 일년이면 8,000 불입니다."

그는 이렇게 항의했다. "하지만 저는 일년에 150,000 불을 번단 말입니다."

나는 이렇게 말했다. "하워드, 당신은 150,000 불을 벌고 있지 않습니다. 당신은 한 달에 8,000 불 이하를 벌고 있습니다." 그리고나서 나는 하워드와 준의 눈에 빛이 번쩍이는 모습을 보았다. 준은 이렇게 말했다. "저는 마침내 이해했다고 생각해요. 저는 하워드가 150,000 불을 번다고 생각해 왔어요. 그리고 그런 정도의 돈을 버는 사람은 특별한 생활 방식을 소유할 수 있다고 생각해 왔어요. 저는 그 문제를 분명한 수치로 생각해 본 적이 전혀 없었답니다."

계속 이야기를 해나감에 따라서 준이 신용 카드를 무제한적인 부의 근원으로 취급한 것이 문제의 커다란 부분이었음이 분명히 드러났다. 그녀는 지극히 유복한 환경에서 성장했다. 그녀는 항상 아버지의 신용 카드들을 마치 모든 청구서들을 지불해 주는 마술 돈 나무처럼 사용했던 것이다. 그녀는 일생 동안 수입이 제한되어 있다는 견지에서 생각해 본 적이 한 번도 없었다. 사실을 직시하고 사무실에 앉아 있었던 그녀는 얼굴을 찌푸리면서 "정말 이 문제를 해결해야겠어요"라고 말했다.

나는 이렇게 말했다. "그럼요. 그렇게 하셔야죠. 우리는 두 분이 소비할 수 있는 수입을 초월하는 소위 '고정' 비용에 대한 예산을 계산해 보았습니다. 하지만 나는 이러한 많은 고정 지출의 많은 부분이 사실은 선택적인 것이라는 느낌을 가지고 있습니다. 두 분은 하워드가 버는 돈으로 사실 수 있습니다. 이 나라 사람의 95 퍼센트가 그보다 훨씬 적은 돈을 가지고 살고 있습니다. 그러나 여러분은 선택을 내리셔야 합니다. 여러분은 그 지출 중 많은 부분을 제거해서 여러분이 한 달 동안 버는 돈보다 천 불에서 이천 불 정도 덜 쓰는 정도까지 절약하고, 빚을 지불하기 시작해야 합니다."

나는 내 말이 그들에게 고통스러운 것임을 알 수 있었다. 그들은 약간 거부 반응을 나타내고 있었다. 나는 이렇게 덧붙였다. "만일 두 분이 현실 속에 살기를 선택하신다면, 두 분이 모든 문제를 해결하는 데에는 오 년 정도면 충분할 겁니다. 그러나 만일 두 분이 현실 속에 살기를 선택하지 않는다면, 일년에 150,000 불을 번다는 환상을 붙든다면, 두 분은 열두 달 안에 파산하게 될 겁니다. 그것이 두 분이 내릴 선택입니다. 저는 매달 두 분의 집에 와서 두 분에게 강의를 하고, 두 분이 청구서를 지불하는 데 도움을 드리지 않을 겁니다. 두 분은 재정 상태를 제 자리에 돌려 놓을 수 있는 능력을 가지고 있습니다. 오직 여러분만이 그렇게 하고자 결정할 수 있습니다."

그 시점에서 한 시간이 지나갔다. 나는 내가 할 수 있는 일을 다 했다. 우리는 사실들을 밝히고 그 사실들을 종이에 기록했다. 그들은 그 예산서의 복사본을 가졌으며, 나는 내 기록을 위해서 사본을 보관했다. 따라서 우리는 미래에 그 일을 다시 할 필요가 없었다. 그들은 자기가 할 일이 무엇인지를 알고 있었다.

우리는 종결의 순간에 이르렀다.

종결은 후에 모든 일이 즐겁게 되는 것을 의미하지 않는다. 그것은 문제들이 인사 한 번에 해결되는 것을 의미하지 않는다. 종결은 통찰들이 표면에 부각되고, 선택들이 명료해지고, 피상담자들이 온전함에 이르는 길을 볼 수 있는 것을 의미한다. 피상담자들이 그 길을 걷기를 선택하는지 아니면 선택하지 않을는지는 목사가 아니라 피상담자에게 달려 있다.

나는 상담의 끝 부분에 이를 때 피상담자에게 이렇게 묻는다.

- 무엇이 여러분에게 유익했습니까?
- 우리는 어떤 결론에 이르렀습니까?
- 여러분의 희망과 기대가 어떻게 충족되었습니까? 그리고 어떻게 그렇게 하는 데 실패했습니까?
- 이러한 상담들을 통해서 여러분의 삶에 여러분이 이루어낸 변화가 어떤 것입니까?

마지막 상담은 과거를 요약하고 미래를 바라 보는 시간이다. 그것은 또한 피상담자로 하여금 그가 다시 찾아 오고 싶을 경우에 문이 항상 열려 있음을 알려 주는 시간이기도 하다. 나는 이렇게 말한다. "이 문제는 미래에 다시 표면에 부각될 수도 있습니다. 다시 찾아 와서 저와 대화를 나누고 싶으시다면 언제나 환영입니다."

그것은 또한 피상담자에게 치유 과정을 계속 할 수 있게 해 주는 추가적인 자원들—책, 테잎 시리즈, 주일 아침에 열리는 기독교 교육 반, 또는 알라논(Alanon)이나 알라틴(Alateen) 등과 같은 보조 그룹이나 조직들을 지적해 주는 시간이기도 하다. 나는 또한 피상담자와 함께 기도—지속적인 치유에 대한 피상담자의 소망을 확인해 주고, 앞에 놓인 길을 위한 하나님의 은혜를 요청하는 기도—한다.

단기 상담의 보상과 만족은 단기 상담에는 분명히 나타나지 않는다. 오히려 이러한 보상과 만족은 시간의 층에, 인간 관계의 최하부에 묻혀 있는 다이아몬드와 같다.

온전함은 목적지가 아니다. 그것은 여행이다. 우리는 이 생에서 결코 온전함에 이르지 못한다. 우리는 언제나 도상에 있다. 우리 교회의 모든 사람들이 도상에 있다. 나도 도상에 있다. 인생은 과정이다. 우리는 날마다 씨름한다. 그리고 일 년이나 십 년, 또는 이십 년이 지날 때 우리가 이룬 진보를 볼 수 있다.

따라서 나는 사 주 또는 팔 주의 상담이 끝나는 시점에서 결과들을 볼 수 없다. 그러나 나는 몇 년이 지난 후에 개인들, 커플들, 가족들이 강하게 성장하고, 그들의 관계들이 함께 엮어지며, 자녀들이 죄악과 수치로부터 자유롭게 성숙해가는 모습을 보게 된다. 그것이 보상인 것이다.

장기 상담은 하나님께서 가져다 주시는 미묘하면서도 강력한 치유를
직접 증거할 수 있는 비길 데 없는 기회를 제공한다.

—아키발트 하트

제 7 장

장기 상담

장기 상담은 정말 오래 걸릴 수 있다. 팔 년 반 동안 나를 만난 나이든
여자의 경우를 들어 보자.

이십여 년 전에, 그녀에게 부유하고 나이든 부모들의 재산관리권이 주
어졌다. 그러나 그 재산관리권이 발동된 지 일 년쯤 지나서 그녀의 부모
들이 그녀가 자신들의 재산을 갈취하고 있다고 주장하면서 그녀를 고소
했다. 당연히 그녀는 고소 내용을 부인했다. 그리고 그 사건은 법정에서
해결되지 않았다.

그러나 얼마 못가서 그 딸은 고질적인 고통을 겪게 되었다. 그녀는 몸

의 거의 모든 부분에서 고통을 느꼈다. 그래서 한 부분에 수술을 받으면 그 고통은 다른 곳으로 옮겨갔다. 큰 병원에서 십여 년 동안 온갖 검사와 조사와 수술을 거친 후에, 그 문제가 정신 작용에 의한 것으로 판정되었다. 그후 그녀는 내게 위임되었다.

그래서 나는 일반적인 과정을 선택했다. 우리는 바이오피드백(bio-feedback, 뇌파계에 의지하여 알파파를 조절, 안정된 정신 상태를 얻는 방법－역자주)과 긴장 완화 훈련을 시도했다. 우리는 그녀의 어린 시절을 조사했다. 그러나 새롭게 드러난 것은 아무 것도 없었다. 그리고 고통은 계속되었다. 아무런 진전도 없어 보이는 몇 년이 지난 후에, 나는 치료법을 그만 둘 것을 제안했다. 그러나 그녀는 계속할 것을 고집했다. 나는 해마다 치료를 그만 두고자 시도했지만, 해마다 그녀는 계속할 것을 고집했다.

그러던 어느 날－상담을 받은지 팔 년 반 정도 지났을 때－그녀는 의식에 비춰지는 희미한 진실의 빛을 보고 얼어 붙고 말았다. 그녀는 자기가 실제로 부모의 재산을 갈취한 사실을 깨달았던 것이다.

그것은 전형적인 억압 충동(repression)의 경우였다. 자기 부모로부터 도둑질을 할 수 있다는 생각을 도저히 용납할 수 없었던 그녀가 그 생각을 너무나 억압한 나머지 그 생각이 심각한 고통으로 변형되었던 것이다.

나는 감정적으로 큰 혼란에 빠진 여자를 직면하고 있었다. 그녀는 자신에 관한 어떤 사실을 발견했다. 하지만 그녀는 그 사실을 어떻게 해야 할지를 알지 못하고 있었다. 그녀의 부모들에게는 아무런 일도 일어나지 않았다. 그들은 그 당시에 고인이 되어 있었다. 그녀는 다음과 같은 고민에 빠졌다. '내가 지금 뭘하고 있는 거지? 경찰에 갈까? 차라리 목을 맬까? 이런 당혹감과 수치감을 가지고는 살 수 없어.'

그것은 우리 상담에 있어서 미묘한 순간이었다. 그녀의 수치감은 심각한 신경 쇠약의 계기, 또는 보다 비극적으로 자살의 계기가 될 수도 있었다.

사실상, 우리는 빠른 속도로 수치감으로부터 죄책감으로, 용서로 나아
갈 수 있었다. 그래서 그녀는 일 년 반 안에 상담을 끝낼 준비가 되었다
고 내게 말했다. 현재 그녀는 육체적, 심리적 고통으로부터 벗어나 남편
과 은퇴한 사람들의 공동체 안에 살고 있다.

이것은 가장 길고도 만족스러운 장기 상담이었다. 그것은 목사가 맞닥
뜨릴 가능성이 별로 없는 극단적인 경우이다. 그러나 그것은 목사들이
장기 상담에서 직면하게 되는 역학(力學)의 많은 부분을 잘 설명해 주
고 있다.

기간의 한계

첫째로 우리는 장기 상담이 전형적인 목사에게 무엇을 의미하는 가를
규명해야 한다. 그것은 장기 상담을 단기 상담과 비교함을 통해서 가장
잘 이루어진다.

단기 상담은 위기 상황(가족의 사망, 이혼, 실직)을 다루거나, 사람들
이 중요한 변화(결혼, 은퇴)를 통과할 수 있도록 보조하고 인도한다. 문
제는 규정되어 있다(예를 들어 반항하는 십대를 둔 부모를 돕는 것, 또
는 피고용인에게 상사와 잘 지내는 법을 보여 주는 것). 그것은 문제 해
결을 위해서 인격 상의 주요한 조정(調整)을 요구하지 않는다.

장기 상담은 인간의 정신의 더 깊은 층을 뚫고 들어간다. 장기 상담은
심각한 심리적인 문제들(예를 들어 우울증이나 정신 분열증)을 가진 사
람들이 정상적으로 기능을 발휘할 수 있도록 도와주려고 시도한다. 그것
은 대개 인간의 인격의 어떤 부분을 재건(再建)하는 것을 포함한다.

일반적으로, 문제가 심각하면 할수록, 더 오랜 기간의 상담이 필요하
다. 그것은 어떤 문제가 어떤 사람의 삶 가운데 일찍 시작되면 될수록 대
개 더 오랜 기간의 상담이 필요함을 의미한다. 예를 들어, 심각한 아동
학대의 경우에는 장기 상담이 틀림없이 요구되는 것이다.

또한 어떤 문제가 생물학적인 근원을 가지고 있는 경우에도 장기 상담이 요구된다. 내가 상담한 한 목사는 심각한 성적 문제를 안고 있었다. 나는 결국 그의 문제가 지나친 성적 충동으로 소급될 수 있다는 결론을 내렸다. 이 남자의 성적인 인자(因子)들이 통제를 벗어나 있었던 것이다.

그에 덧붙여, 월경전 증후군(Premenstrual Syndrome)같은 어떤 우울증들은 심리학적인 문제가 아니라 호르몬의 변화에서 생기는 생물학적인 기초를 가지고 있다.

다른 말로 표현하자면, 장기 상담은 의식적인 것들이 아니라 무의식적인 것들에 더 많은 초점을 두고 있다. 무의식적인 것은 우리가 의식하지 못하며, 우리가 모르는 사이에 우리를 지배하는 심리학적, 생리학적 동기와 충동들을 말한다. 단기 상담은 분명한 것들을 다루고, 재조정하며, 일정 방향으로 이끈다. 반면에 장기 상담은 숨겨진 것을 발견하는 데 더 많은 초점을 두고 있다.

그것은 질적인 차이이다. 시간의 견지에서 볼 때, 그리고 목사의 사역의 견지에서 볼 때, 단기 상담은 두 주에서 여섯 주 사이에 다루어질 수 있는 문제들을 다룬다. 반면에 장기 상담은 일년 또는 이년을 요할 수도 있다.

장기 상담은 목사에게 피상담자와 함께 신뢰를 쌓기에 충분한 시간을 제공하며, 피상담자에게는 자신의 문제들의 무의식적인 뿌리를 탐구할 수 있도록 그 목사에게 자기의 삶의 더 깊은 차원들을 개방하기에 충분한 시간을 제공한다.

언제 장기 상담을 시작할 것인가

대부분의 목사들은 피상담자들의 무의식적인 동기와 충동들을 밝히는 훈련을 받지 않았다. 그리고 그들은 훈련을 받을 때조차 장기 상담의 많은 부분을 불가능하게 만드는 많은 일로 바쁘다. 그럼에도 불구하고 목사가 장기 상담을 하는 것이 현명한 경우도 있다.

●적절하게 위임할 사람이 없다. 심각한 문제를 가진 사람이 상담을 받으러 올 때, 대부분의 목사들은 그 사람을 능력 있는 전문가에게 위임하고 싶을 것이다. 그러나 어떤 목사들은 그렇게 할 수 없다. 현실적으로 그들이 목사가 가장 능력 있는 전문 상담가 노릇을 할 수밖에 없는 공동체 안에 살고 있기 때문이다.

다른 목사들은 사람들을 위임할 수 있는, 신학적으로 마음에 맞는 상담자를 발견할 수 없다. 따라서 그 목사는 피상담자의 믿음에 유익이 되기 보다는 해가 될지도 모르는 위험을 무릅쓰기보다는 차라리 자기가 상담에 따르는 의무를 떠맡고 싶어할 수도 있는 것이다.

●의뢰인이 전문적인 돌봄을 제공할 수 없다. 목회 상담은 종종 공동체에게 공짜로 주어지는 유일한 상담이다. 일부 교회들이 상담 비용을 슬라이드제(a sliding scale, 대금을 생계비 지수에 따라 조절하는 경우의 용어-역자주)로 하기는 하지만, 교회는 도움을 베풀기 위해서 기꺼이 그 제도를 무시할 수 있는 유일한 기관이다.

●목사가 판에 박힌 태도로 단기 상담을 한다. 이따금씩 사람들의 삶에 작용하는 더 깊은 역학을 살펴 보는 것이 중요하다. 목사는 단기 상담을 하리라고 결정을 내린 경우에도, 그 살펴본 결과에 따라 단기 상담을 받을 대상을 상담하는 방법을 정해야 한다. 그것은 또한 목사가 장기 상담을 필요로 하는 장기적인 문제들을 더 잘 탐지해낼 수 있게 도와 줄 것이다.

이유가 무엇이든 간에, 의뢰자를 장기간 상담하리라고 결정한 목사는 잠재의식적인 것들을 다루는 훈련을 가능한 한 많이 받고 싶어할 것이다. 그는 또한 공동체 내에 또는 먼 거리 내에라도 정기적으로 의논할 수 있는 전문가를 알고 있어야 한다.

피해야 할 문제들

목사와 피상담자가 될 가능성이 있는 사람의 상황이 어떻든 간에, 목사들이 상담하지 말아야 하는 문제들이 있다.

●**심각한 인격적 혼란.** 이런 문제들은 특별한 이해와 독특한 치료를 요구한다. 목사들은 이런 문제들을 가진 사람들을 상담하지 않는 편이 낫다. 가장 문제가 되는 것들 중에는 편집병(paranoid), 연극 같은 행위(histrionic), 신경증과 정신병의 경계 상태(borderline personalities) 등이 있다(다음 책을 참조하라. *The Diagnostic and Statical Manual of Mental Disorders,* Third Edition, revised. Published by the American Psychiatric Association, 1987).

예를 들어, 신경증과 정신병의 경계 상태에 있는 사람들은 원한을 품거나, 변덕이 심하거나, 유혹을 일삼을 수 있다. 그들은 또한 교묘히 속이는 사람일 수도 있다.

내가 상담했던 한 사람이 두 가지 방법으로 나를 속이기 시작했다. 첫째로, 그녀는 즉시 상태가 호전되지 않았을 때, 고소하겠다고 위협했다. 둘째로, 그녀는 거듭 되풀이하여 자살하겠다고 위협했다.

예를 들어, 그녀는 내가 주일 밤 9시 30분에 주중에 가장 즐겨 보는 프로그램인 명화 극장을 보며 휴식을 취한다는 사실을 알고 있었다. 주일 밤 영화를 보고 있는 중간에 전화 자동응답기에서 다음과 같은 전화를 받았다. "심각한 문제가 있는 한 환자가 즉시 통화하기를 원합니다."

그 환자는 바로 그녀였다. 그래서 나는 그녀에게 전화를 걸어 "무슨 일입니까?"라고 물었다.

그녀는 이렇게 말했다. "저는 자살할 거예요. 저는 지금 제 손목에 면도날을 대고 앉아 있어요. 저는 당신과 이야기하고 있는 지금 당장 제 손목을 벨 거예요."

나는 이 여자와 그녀의 증세를 알고 있었기 때문에, 그리고 이런 일이 반복되는 일이었기 때문에, 즉각적으로 이렇게 대답했다. "명화 극장을 보는 동안 방해하지 마세요. 내일 아침 제 사무실로 전화를 거셔서 약속 시간을 정하세요."

여러분은 그렇게 한 다음에 잠을 잘 수 있어야 한다. 여러분이 내린 진단에 대해 절대적으로 확신해야 한다. 그 확신은 이러한 종류의 병리(病理)에 대한 훈련과 체험으로부터 온다. 또 다른 어떤 사람들이 주일 밤 9시 30분에 전화를 걸어 이렇게 말한다고 하자. "제 손에 면도날을 대고 있습니다. 손목을 벨 겁니다." 그러면 나는 "제발 그러지 마세요. 십 분 안에 달려가겠습니다"라고 말할 것이다.

목사가 그러한 훈련과 경험을 갖고 있지 않은 한, 그런 사람들은 다른 사역을 감당할 능력을 침해할 근심과 죄책감의 상태에 빠지도록 그 목사를 속일 것이다.

●**비도덕적인 충동들.** 심리적인 충동이 도덕적인 과오와 혼합된 문제들은 처음에는 그 교회의 도덕적인 영향력 밖에서 다루어져야 할 것이다. 그럴 때는 그 교회를 대표하는 목사들이 그런 경우들을 다른 전문가들에게 위임하는 편이 나을 것이다.

예를 들어, 성적인 문제들—동성애, 양성애, 포르노 중독—은 사람들에게 깊은 죄책감을 일으키는 경향이 있다. 어떤 경우에, 그 사람들은 죄책감의 문제를 즉시 다뤄야 한다. 그리고 목사가 그 일을 하기에 가장 적합한 사람일 것이다.

반면에 죄책감의 문제들이 그 하부에 심리적인 병을 감추고 있으며, 교회의 대표자로서의 목사의 역할과 교회의 도덕적인 기준들이 효과적인 치료의 길을 방해할 것이라는 사실이 발견되는 경우들이 있다. 이런 경우에, 그런 죄책감에 빠져 있는 사람들은 목사가 아닌 상담자에게 위임되어야 한다.

나는 충동적으로 포르노를 사용하는 문제를 가장 많은 사람들을 상담해 왔다. 그들은 포르노에 탐닉하게 되었다. 나는 그런 사람들을 다룸에 있어서, 그들을 치유의 장소로 인도하기 위해서 그들의 심리적인 혼란

(충동)으로부터 그들의 행동(춘화 사용)의 도덕적인 측면들을 분리시켜야 했다.

나는 그들의 신뢰를 얻고 치료할 수 있는 관계를 쌓을 수 있기 위해서 판단하는 태도를 피해야 한다. 이것은 내가 그들의 행동의 비도덕적인 성격을 항상 지적하지 않음을 의미한다. 그렇게 하는 것은 더 큰 죄책감을 초래하고 우리의 관계를 방해할 뿐이다. 나는 그들의 인격 밑에 있는 신경증적인 문제에 초점을 맞춘다.

목사가 언제나 이런 식으로 사람을 상담할 수는 없다. 기꺼이 기독교적인 가치들을 제쳐두기란 어려운 일이다. 사실상, 목사들이 때로 일관성을 지키기 위해서 특정한 행동을 정죄하는 것은 필수적인 일이다.

그러므로 도덕적인 양심을 제공하는 목사와 피상담자가 자기를 검토할 수 있도록 비판단적인 분위기를 제공해야 하는 상담자는 서로 협력하고 균형을 맞춰야 한다. 목사와 상담자 모두가 치유 과정을 위해 필요하다. 하지만 어떤 경우에는 동일한 사람이 두 가지 기능을 동시에 수행하기가 거의 불가능하다.

특별히 적절한 경우들

목사들은 어떤 장기적인 경우들을 다루기에 적절하지 않은 사람들일 수 있지만, 그와 동시에 다른 어떤 경우들을 다루기에는 특별히 적절한 사람들일 수 있다.

•하나님에 관해 왜곡된 생각을 가진 사람들. 나는 내게 이렇게 말한 한 여자를 상담했다. "나는 나를 경멸하는 눈초리로 내려다 보며 손가락질하는 아버지의 얼굴을 떠올리지 않고는 기도할 때 눈을 감을 수가 없어요. 나는 땀을 흘리지 않고는 '우리 아버지…'라고 기도할 수 없어요."

불행하게도 이 여자만 그런 것이 아니다. 많은 사람들이 자신의 아버지의 언어나 성적인 학대 때문에 하나님에 대해 왜곡된 이미지를 가지고 있다. 그런 사람들은 자신의 과거와 하나님을 다루기 위해 장기 상담을

필요로 한다. 그리고 목사는 사람들이 하나님에 대한 이미지를 재형성하
도록 도움에 있어서 전문 상담가보다 더 나은 상황에 있다.

•죄책감으로 인한 고통들. 죄책감과 관련된 많은 문제들 또한 목사가
다루기에 적절하다.

나는 자기 아버지를 총으로 쏘아 죽이고나서 자살한 딸을 둔 어머니를
상담한 적이 있다. 그 어머니는 죄책감을 저버리지 못하고 있다. "제가
뭘 잘못한거죠?" 그녀는 고통스러워하며 내게 질문했다.

분명히 나는 그런 경우들을 다룬다. 그러나 나는 목사들이 그런 사람
들을 상담하는 것이 특히 적절하다고 생각한다. 결국 죄책감—신경증적
인 죄책감이 아닌 건전한 죄책감—은 신학적인 문제이다. 목사가 다루도
록 훈련이 되어 있는 주제인 것이다. 목사는 또한 독특한 의식적(儀式
的)인 자원들—고백과 공적 예배 등—을 가지고 있다. 그리고 그것은 사
람들로 하여금 하나님의 용서를 깨닫도록 도와 줄 수 있다.

의제의 중요성

단기 상담에 있어서, 종종 위기가 의제를 결정한다. 그러나 장기 상담
에 있어서 동일한 전형을 따를 경우가 목사들은 큰 실수를 범하게 된다.

계획이 없이는 상담들이 쉽사리 곁길로 세고, 결코 출발점으로 돌아갈
수 없게 된다. 이것은 특히 피상담자가 상담 비용을 지불하지 않을 때 특
히 그렇다. 목사와 피상담자에게 많은 시간이 낭비될 수 있는 것이다.

사실상, 상담자가 어떤 상담 이론의 어느 부분에서 실패했든 간에, 각
상담과 전반적인 과정을 위한 의제를 갖는 것이 중요하다. 이것은 로저
스식 치료법(Rogerian theraph)을 실행하는 사람들에게조차 해당된
다. 그것은 상담자가 그저 듣기만 하는 비지시적인 상담법이다. 표면적
으로, 이 방법은 의제를 결정함에 있어서 피상담자에게 전적으로 의제를
결정하는 책임을 부여하는 것 같다. 그러나 실제적으로는 피상담자와 친
밀하게 협력하는 중에라 할지라도 여전히 상담자가 각 상담을 위한 의제

를 정하는 것이다.

어쨌든, 의제는 지극히 중요하다. 의사는 어떤 수술이나 일련의 수술을 집도하기 전에 계획을 가져야 한다. "그의 가슴을 절개하고, 다음으로는 그의 다리를 절개하고, 혈관을 찾아 그것들을 제거하고, 그 다음으로……." 이처럼 치료사(a therapist)는 계획, 전략을 가지고 있어야 한다.

예를 들어, 오십대 중반의 한 남자가 나를 만나기 위해 찾아 온다고 하자. 그가 이렇게 말한다. "저는 세번째 결혼을 했는데 그 결혼이 무너지고 있습니다. 저는 결혼 생활을 잘 할 수 없는 것 같습니다. 관계를 갖는 순간, 결혼하는 순간, 그 관계가 김이 빠지기 시작하는 겁니다. 저는 독재적이 되고, 지배적이 됩니다. 저는 질투를 하게 됩니다. 그러면 상대 여자는 떠나버리고 맙니다. 저는 진심으로 훌륭한 결혼 생활을 하고 싶습니다. 누군가와 친밀하고 싶습니다. 저를 도와 주실 수 있으십니까?"

첫번째 상담 후에, 나는 최소한 다음 상담을 위한 의제를 정해야 한다. 그러나 나는 첫번째 상담이라 할지라도 문제의 정도를 판단해야 한다. 나는 분석한 내용을 기록하기 위해 한 두 장의 종이를 사용할 수 있다. "그것은 관계 상의 문제이다. 특히 여자들과의 관계 상의 문제이다. 그는 여자를 존중하지 않는다. 그 행동은 기술적으로 정상적인 제한 안에 있다. 즉 그는 결코 여자를 구타한 적이 없다. 그는 문제를 일으켜 경찰서를 출입한 적이 없다. 그의 아내는 그의 태도를 좋아하지 않았을 뿐이다. 그녀는 존중하는 마음이 없는 그의 자세를 싫어했을 뿐이다. 그래서 이 여자들이 떠나는 것이다." 그런 사실 따위를 적는 것이다.

그리고나서 나는 전반적인 상담이 마땅히 목표로 삼아야 하는 것을 목표로 결정한다. "결국 나는 이 남자가 행복하고도 오래 지속되는 결혼생활을 할 수 있기를 바란다. 그러므로 직접적인 목표는 이 남자가 여자와 더 좋은 관계를 가지게 하는 것이다."

나는 그 목표를 염두에 두고, 우리가 다음 상담에서 해야할 일을 결정할 것이다. "첫째로, 우리는 그의 경력, 특히 그의 첫번째와 두번째 결혼을 조사해야 한다."

첫번째 상담이 끝날 때, 나는 우리가 그와 그의 어머니의 관계, 즉 그가 어린 시절에 어떻게 어머니와 관계를 가졌는가, 그의 어머니가 지배적이었는지의 여부를 알 필요가 있다고 생각할 수도 있을 것이다.

그 상담의 말미에, 나는 그가 어머니와 상당히 정상적인 관계를 가졌다는 사실을 발견할 수 있을 것이다. 그렇게 되면 나는 그의 삶 가운데 진보를 꾀하고 싶어질 것이다. 다음 이십 번의 각 상담을 의한 의제가 상담 별로 똑똑히 설명될 수는 없다. 그러나 각각의 상담은 더 큰 계획의 배경 내에서 계획될 것이다. 그리고 각각의 치료가 끝날 때, 나는 다음 주의 초점이 무엇인가에 대해서 기록해 놓을 것이다.

물론 그 계획은 역동적이어야 한다. 나는 대개 상담의 첫 부분을 새로운 정보를 얻는데, 즉 지난 주에 피상담자에게 무슨 일이 일어났는가를 알아 보는데 사용한다. 종종 나는 위기가 있었음(죽음, 심각한 말다툼, 사고)을 발견하게 되고, 그것이 주목의 대상이 될 것이다. 그리고 만일 내가 더 큰 계획을 가지고 있다면, 나는 그런 사건들이 우리를 곁길로 빠지게 할지도 모른다고 염려할 필요가 없다. 우리는 우리가 가는 방향을 알고 있으며, 관련된 문제들을 다루기 위해서 일시적으로 멈추게 되었음을 알고 있다. 우리는 곧 다시 장도에 오를 것이다.

그에 덧붙여서, 나는 전반적인 계획의 가능한 한 많은 부분을 피상담자와 나누기를 좋아한다. 나는 그들이 우리가 치료 과정의 어느 부분에 있는지를 알았으면 한다. 이것은 그들이 계속 희망을 품을 수 있도록 도와 준다. 즉 진전이 느리거나 종종 나타나지 않는다고 할지라도, 따라야 할 계획이 있기 때문이다.

때맞춘 상담

"조직"(structuring)은 전문적인 상담자들이 상담 과정의 본질과 한

계와 목표들을 정의하는 기술적인 용어이다. 조직의 일부에는 전반적인 목표 뿐 아니라 시간의 한계까지 포함된다. 목사들에게 있어서, 조직의 이런 부분은 절대적으로 중요하다. 그렇지 않을 경우에는 그들의 바쁜 스케줄이 엉망이 되고 말 것이다.

시간의 한계를 정하는 것은 상담 회수를 정하는 것과 더불어 시작된다. 오십 분이라는 시간이 기준으로 대두되어 왔다. 삼십 분 이하의 시간 내에는 문제를 충분히 다룰 수 없을 것이다. 반면에 한 시간이 넘으면 대개는 도가 지나치게 된다.

우리가 오십 분이 지난 후에 곤란에 처한 사람을 돌려 보내는 데 대해서 불편한 느낌을 가질 수는 있지만(그것은 너무나 메마르고 거의 목사로서는 할 수 없는 일처럼 보인다), 요구되는 시간이 한 시간 정도까지 이를 수 있다. 만일 그런 일이 한 두 번 정도 일어난다면, 다른 의무들은 곧 무시되게 된다.

우리는 또한 치료 과정에서 일어나는 치유의 대부분이 상담이 아니라 상담들 사이에 일어난다는 사실을 기억할 필요가 있다. 상담들 사이에 그 사람은 함께 대화해 온 내용을 생각한다. 상담은 사실상 하나의 보조 기관, 즉 치유 과정에 활기를 더해 주는 것에 불과하다.

만일 여러분이 상담에 너무 많은 시간을 보낸다면, 여러분은 정상적인 치유 과정을 방해하는 위험 부담을 안게 된다. 만일 여러분이 항생제를 너무 많이 투여한다면, 여러분은 병균을 죽일 뿐 아니라 건강한 기관들조차 죽이게 되는 것이다.

각각의 상담에 제한을 두는 것 외에도, 장기 상담자들은 얼마나 오랫동안 어떤 특정한 사람을 만날 것인가를 결정해야 한다. 대개는 여섯 달 이상 상담을 하는 것은 현명하지 못한 일이다. 여러분은 사실상 그 문제가 일 년이나 이 년을 요구할 것이라고 생각할 수도 있다. 하지만 여러분은 그 생각을 상담자에게 말하지 않는다. 그것은 피상담자를 낙심시킬 수 있을 뿐 아니라 목사로 하여금 비현실적일 수 있는 상담 기간을 떠맡게 만들 수 있다.

그 결정의 일부로, 여러분은 특별한 약속뿐 아니라 얼마나 자주 만날 것인지—한 주에·한 번, 이 주에 한 번, 한 달에 한 번—를 결정해야 한다. "매 주 화요일 오후 세시에 만납시다."

사실상, 목사는 주중에 상담을 할 시간들을 분명히 정해 두었어야 한다. 쫓기며 상담을 진행하고 누군가가 반응을 필요로 할 때에만 반응하는 것은 좋은 장기 상담이 되지 못한다. 그것은 수준 높은 상담을 제공하는 여러분의 능력을 침해한다. 그리고 솔직히 말해서, 그것은 상담자를 지치게 만든다. 상담은 되는 대로 계획을 세우는 데 따르는 추가적인 짐이 없이도 충분한 부담을 요구한다.

어떻게 진전이 이루어지고 있는가?

우리는 장기 상담에 있어서 피상담자의 기본적인 신념, 생활 방식, 또는 성격의 변화를 목표로 삼는다. 그러한 변화는 매우 느리게 일어난다. 그리고 종종 큰 진전을 보기가 어려운 경우도 있다. 만일 우리가 장기 상담의 각 단계에 어떤 변화가 일어나야 하는지를 깨닫는다면, 우리는 피상담자가 진전을 보이고 있는지를 결정할 더 나은 위치에 있게 된다.

• **초기 단계.** 초기 단계의 목표는 외적인 방어 체계를 통과하는 것이다. 상담을 받으러 오는 사람들조차 자신이 누군가에 대해서 함께 나누기를 꺼려 한다. 그들이 초기 단계에 하는 고백들은 피상적이다. 나는 여섯달 동안의 상담이 지난 후에도 신뢰하는 마음으로 자신들에 관한 깊은 지식을 내게 밝힐 수 없었던 사람들을 상담한 적이 있다.

내가 목사들을 상담할 때 자주 사용하는 한 가지 테스트가 있다. "당신의 성생활에 대해서 약간만 말씀해 주시겠습니까?" 그들은 나를 신뢰하게 될 때까지, 주제를 바꾸고자 할 것이다. 그것이 나를 좌절시키지는 않는다. 하지만 그것은 내가 장기 치료의 첫번째 단계의 목표를 달성하지 못했다는 신호인 것이다.

● **중간 단계.** 여러분은 사람들이 더 깊은 관심사들을 함께 나누기 시작할 때 여러분이 중간 단계에 있음을 알게 된다. 당혹스러운 일들, 거의 수치스러운 일들이 모습을 드러내기 시작한다. 그러므로 어떤 사람이 그 사람의 내적인 세계에 더 깊이 들어가게 될 때, 우리는 진전이 일어나고 있음을 인식하게 된다. 즉 그들은 여러분과 함께 사적인 생각과 환상들까지를 함께 나누게 되는 것이다.

한 목사가 나를 여섯 달 동안 찾아 온 후에, 마침내 자기가 강한 동성애적 충동을 가지고 있다고 말하기 시작했다. 그는 결혼을 해서 사랑하는 가족을 가지고 있었으며, 동성연애자를 가까이 한 적이 없음에도 불구하고 그런 환상을 가까이하고 있었던 것이다.

일단 한 사람이 이런 식으로 자신을 열어 보였을 때, 나는 그것이 더 깊은 부분을 탐구하라고 하는 공개적인 초청이라고 생각할 수 있다. 그러나 만일 내가 너무 빨리 행동한다면, 나는 화제를 바꾸거나 자기를 방어하면서 화를 내는 형태의 저항을 대하게 될 것이다.

이 난세에서, 자기 아내에게 지배적이었던 그 남자가 마침내 나에게 자신의 성적인 환상들을 털어놓기 시작했다. 그런데 그 환상들은 학대와 구타에 대한 환상들이었다. 만일 사실상 이것이 자신의 지배적인 어머니에게 앙갚음하는 방법이었다면, 그리고 만일 내가 강압적으로 "이것이 당신을 지배한 어머니에게 앙갚음하는 한 가지 방법입니까?"라고 묻는다면, 나는 다음과 같은 성난 거부 반응을 대하게 되었을 것이다. "무엇이 당신에게 그런 생각을 갖게 했는지는 모르겠지만, 나는 내 어머니에게 상처를 입히는 일을 꿈에도 생각하지 않을 겁니다!" 그것은 그 상담을 원점으로 돌려 놓을 수 있다. 나는 피상담자가 원하는 계시(啓示)의 속도에 민감할 필요가 있다.

나는 피상담자가 받아들일 준비가 되어 있지 않은 수준으로 분노에 반응할 경우에 더 큰 저항을 야기할 수도 있다. 만일 그 다음 주에 내가 "지난 주에 왜 화가 나셨습니까?"라고 말한다면, 그는 "무슨 말입니까?

저는 화가 나지 않았습니다"라고 부인할 것이다. 그 남자는 여전히 기꺼이 자신의 어머니에 대한 감정들이 자기 안에 소용돌이치고 있다는 사실을 받아들이지 않으려 할 수도 있는 것이다.

나는 그 분노를 탐구할 필요가 있다. 하지만 나는 사람들이 일반적으로 다룰 준비가 되어 있는 이해의 수준으로 질문의 수준을 낮출 필요가 있다. "제가 생각하기에는 지난 주에 화가 나신 것 같은데요. 어떤 일이 일어나고 있었다고 생각하십니까?"

그렇게 하면 사람들은 대답하기가 더 쉬워진다. "글쎄요, 저는 그렇게 생각하지 않습니다. 하지만 한 번 생각해 보지요. 당신이 옳을지도 모르겠습니다."

●**마지막 단계.** 마지막 단계에, 상담자와 피상담자는 의미심장한 방법으로 그동안 나타난 정보와 통찰들을 함께 모으기 시작한다. 피상담자는 이제 연결 고리들을 보기 시작한다. 결정과 행동들이 어떻게 결과들을 초래하며, 자기가 올바른 결정들을 내릴 경우에 어떻게 그러한 결과들을 피할 수 있는가를 보기 시작하게 되는 것이다.

학대적인 성적 환상을 가지고 있었던 횡포한 그 남자는 다음과 같은 사실을 깨닫기 시작한다. '그렇게 자주 포르노 가게에 자주 가지 않았더라면, 그런 것에 나 자신을 노출하기를 그쳤더라면, 그것이 그 정도로 나를 옭아매지는 않았을거야. 여자들이 학대받는 모습을 보지 않았더라면, 내 아내를 다르게 보았을거야.'

이 단계에 상담자는 치유를 가속화하기 위해서 행동의 과정들을 제안한다. 나는 부모로부터 돈을 갈취한 그 여자에게 배상(반환)할 것을 제안했다. 죽은 그녀의 부모를 위해서 그 부모의 용서를 구하는 작은 의식을 통과해야 했기 때문이다. 그녀는 남아 있는 자신의 여동생과 자신의 유산 일부를 함께 나누고 그녀와의 관계를 회복했다.

진전의 징조가 나타나지 않을 때

연극 같은 행위를 일삼는 것과 같은 어떤 문제들은 매우 느리게 치유될 것이다. 거의 아무런 진전 없이 한 두 해를 지난다 하더라도, 그 사실이 나를 놀라게 하지 않는다. 반면에 성적인 병의 경우에, 오 주 내지 육 주 동안 아무런 진전을 보지 못한다면, 나는 관심을 가지게 된다. 따라서 문제의 성격이 "진전"이 의미하는 바를 결정하는 것이다.

그러나 문제가 어떤 것이든 간에, 나는 종종 피상담자들이 진전을 보이고 있지 않은 것처럼 느끼게 된다. 어떤 경우에는 내 생각이 옳다. 그들은 내가 더 깊은 동기들을 탐구하는 데 되풀이하여 저항해 왔다. 반면 어떤 경우에 그들이 저항하는 이유는 그들이 방해가 되는 종교적인 신념들을 가지고 있기 때문이다(예를 들어, 어떤 사람은 자신을 공격한 사람이 회개하고 자신과 하나님의 용서를 구하지 않는 한 그 사람이 자기의 용서를 받을 자격이 없다고 믿고 있었다).

사람들이 계속 진전에 저항할 때, 나는 그들에게 이렇게 말할 것이다. "상담의 마지막 십 분 동안 당신의 진정한 문제가 무엇인지를 발견하고 싶습니다. 저는 지난 석 달 동안 별로 진전이 없었다고 느끼고 있습니다. 저는 우리가 문제들 주위를 맴돌았을 뿐이라고 생각합니다. 그리고 당신이 관심을 가지고 있는 문제들은 우리의 더 큰 목표와 아무 연관이 없는 것 같습니다. 과정에 대해서 어떻게 생각하십니까? 우리가 충분히 작업해 왔다고 생각하십니까? 이제 저를 그만 찾아 오실 때가 되었습니까?"

그렇게 말하는 것은 대개 그들에게 계속 작업을 해야 한다는 사실을 경고시켜 준다. 또한 그것은 정말로 작업하기를 바라지 않는 사람들에게 그만 둘 수 있는 은혜를 제공해 준다.

십 년 동안 상담한 그 여자의 경우에, 나는 오 년에서 팔 년에 이르는 동안 몇 번인가 상담을 마치려고 시도했다. 그러나 내가 그만 두려고 할 때마다, 그녀가 강력하게 반대했다. 그녀는 사태가 호전되고 있다고 확신하고 있었다. 그녀는 그 과정이 어떤 주요한 결과를 가져다 주리라는 희망을 가지고 있었다. 그래서 나는 계속 상담을 끌어갔다.

그러나 어떤 사람의 깊은 내부에 어떤 일이 일어나고 있는지를 볼 수 있는 능력이 없기 때문에 진전을 보지 못하는 경우가 종종 있다. 물론 피상담자가 여전히 찾아 온다는 사실은 그 사람이 변화되기를 바란다는 표시이다. 더욱이 나는 다음과 같은 질문들을 사용해서 우리가 어떤 진전을 보고 있는가를 물음으로써 피상담자를 정기적으로 체크하는 것이 유익하다는 사실을 발견하게 된다. "우리가 어떻게 되어가고 있는 겁니까?" "이것이 당신에게 유익합니까?" "당신은 어떤 이익을 얻고 계십니까?" "우리가 어떤 방향으로 가야 한다고 생각하십니까?"

치료의 종결

종결은 상담자가 주요한 통찰들을 강조하고, 과정을 지적하며, 가까운 미래를 위한 계획을 세우고, 상담 관계를 끝마침으로써, 피상담자로 하여금 상담 중에 일어난 일을 요약할 수 있도록 도와 주는 과정이다. 이것은 한 번의 상담을 통해서 일어날 수도 있고 여섯달 후에 일어날 수도 있다.

이 단계에 따르는 위험은 너무 성급하게 상담을 종결하는 것이다. 나의 시간을 요구하는 바쁜 일들과 나를 만나고 싶어하는 사람들의 수 때문에, 나는 종종 사람들이 준비를 갖추기도 전에 준비를 갖추고 있다고 생각한다. 너무 빨리 그들을 몰아낼 때, 나는 위기를 자초하게 된다.

나는 피상담자에게 이렇게 말할 수 있다. "당분간 당신을 만날 필요가 없다고 생각합니다. 우리가 할 일이 끝났다고 생각합니다. 우리는 성취하려고 착수했던 바를 성취했습니다."

그녀는 자신감에 차서 걸어나갈 수 있다. 그녀는 하루 이틀 동안은 무척 기분이 좋다. 그런데 후에 그녀는 버림받았다는 느낌을 가지게 된다. 그녀는 두려움을 느낀다. 혼자 있다고 느끼게 되는 것이다.

그것이 내가 도움을 청하는 울음 소리를 듣게 되는 때이다. 그녀가 한 밤 중에 내게 전화를 걸어서, 눈물을 흘리며 만나 주기를 애원하는 것이다. 종종 사람들은 상담자의 관심을 다시 얻기 위해서 자기들의 병을 과장해야 한다는 느낌을 갖게 된다. 당연히 나는 그런 사람들을 다시 돌아오게 해서 상담을 해야 한다.

어떤 사람들은 상담자를 의존하게 되었기 때문에 상담을 종결하기를 반대한다. 그들은 상담자와 함께 검토를 하지 않고는 결정을 내릴 수 없다. 상담자는 남편, 아버지, 부모, 연인을 대체하는 존재가 된다. 그리고 상담이 길어질수록 전이(轉移, 11장을 참조하라)가 발전하게 되는 것이다.

그러나 상담은 전이가 해결될 때까지 결코 끝나지 않는다. 여러분은 전이가 진행되고 있는 중간에 장기 상담을 종결지을 수 없다.

피상담자가 나를 무척 의존하고 있음에도 불구하고 내가 상담을 종결지으려고 할 경우에, 그 피상담자는 화를 낼 것이다. "저는 끝낼 준비가 되지 않았어요!"

그러면 나는 이렇게 질문할 것이다. "그래요, 그렇다면 얼마나 더 상담을 계속하는 것이 적절하다고 생각하십니까?"

만일 그들이 "글쎄요, 저는 현재로서는 한계에 대해서 생각하고 있지 않은데요"라든가 "여섯 달 동안 더 했으면 좋겠습니다"라는 반응을 나타낸다면, 나는 상담을 계속한다. 나는 상담을 종결하기 전에 피상담자가 의존 관계를 벗어날 수 있도록 도와주어야 한다.

나는 십여 년 동안 상담한 그 여자로부터 해마다 크리스마스 카드를 받는다. 그리고 해마다 나는 장기 상담의 도전과 보상에 대해 생각한다. 그것은 내가 가지고 있는 것 보다 훨씬 더 큰 인내를 요구한다. 그리고 나로 하여금 사람들의 삶 가운데 일어나고 있는 사소한 일들에 귀를 기울이게 만든다.

그러나 그와 동시에 장기 상담은 하나님께서 가져다 주시는 미묘하면서도 강력한 치유를 직접 증거할 수 있는 비길 데 없는 기회를 제공한다.

나는 내가 상담하는 사람들을 확신시키시고, 계몽하시고, 인도하시는 하나님의 영과 협력하여 그들을 온전한 정신적, 감정적, 영적 건강으로 인도하고 있다고 느끼고 있다.

> 남자들과 여자들간의 차이는 대개 모호하며 판에 박은 전형을 따르지 않는 경우도 종종 있다. 하지만 고정 관념들이 존재하는 이유가 있으며, 그것은 곧 상담자들이 그 고정 관념들을 알아야 할 이유가 된다.
>
> −짐 스미스

제 8 장
남자들을 대상으로 하는 상담과, 여자들을 대상으로 하는 상담

그는 그녀에게 생일 선물로 자동차 완충기(shock absorbers)를 선물했다. 그녀는 기쁘지 않았다. 그녀는 남편을 데리고 나를 만나러 왔다.

그녀는 남편에 대해서 이렇게 불평했다. "제 남편은 너무나 무심해요. 제게 관심을 갖고 있지 않아요. 제가 원하는게 무엇인지를 전혀 생각하지 않아요. 무엇이 그에게 제가 생일 선물로 자동차 완충기를 원한다고 생각하게 만들었을까요? 저는 종종 그가 저를 사랑하고 있는지가 의심스러워요".

그는 그 문제를 이해할 수 없었다. "제 아내는 자동차가 흔들린다고 불평해 왔답니다. 게다가 우리 차는 완충기가 오래 되어 위험했구요. 저는 아내가 자기 편의와 안전에 신경을 써준 데 대해서 고맙게 생각하리라고 생각했습니다." 셀 수 없이 많은 상담 체험을 요약해 주는 이렇게 간단하면서도 약간 우스꽝스러운 사례는 남자들과 여자들을 상담하는 중에 일어나는 많은 역학들을 보여 주고 있다. 이러한 역학들은 내가 반드시 이해해야 하는 것들이다. 만일 내가 일반적으로 남자들이 어떻게 행동하고 여자들은 어떻게 행동하는가를 알고 있다면, 나는 어떤 말에 귀를 기울여야 하며, 어떻게 효과적으로 반응해야 하는가를 더 잘 알게 된다.

남자들과 여자들 간의 차이를 아는 것은 많은 상담 상황 중에 도움을 줄 수 있다. 그 차이는 대개 모호하며, 판에 박은 전형을 따르지 않는 경우도 종종 있다. 하지만 고정 관념들이 존재하는 이유가 있으며, 그것은 곧 상담자들이 그 고정 관념들을 알아야 할 이유가 된다.

그것은 마치 호세 칸세코(Jose Canseco, 미국 프로 야구의 유명한 강타자)가 놀란 라이언(Nolan Ryan, 미국 프로 야구의 유명한 투수)이 투 스트라이크 스리 볼 카운트에서 대개 강속구를 던진다는 사실을 알고 있는 것과 같다. 비록 칸세코가 커브 볼 역시 칠 준비를 갖추고 있어야 한다 하더라도, 그 사실을 아는 것은 대부분의 상황에 유익하다.

대부분의 남자들과 여자들은 특정한 심리적인 전형들로 구분된다. 많은 사람들이 우리에게 치기 어려운 커브 볼을 던진다 할지라도, 그들의 일반적인 행동 방식들을 이해하는 것은 그들을 성공적으로 상담할 수 있는 능력을 강화시켜 준다.

차이를 낳는 차이점들

첫째로, 우리는 남자들과 여자들을 우리 사무실로 인도하는 일반적인 차이점들을 탐구할 필요가 있다.

• **말하는 여자들과 말없는 남자들.** 여자들은 대개 여러분이 필요로 하

는 것보다 많은 정보를 자원해서 제공한다. 반면에 남자들은 여러분이 원하는 것보다 더 적은 정보를 제공한다.

사실상, 우리는 자신의 문제들에 관해서 상세히 설명하는 여자에게 말로 압도되는 우리 자신의 모습을 발견할 수 있다.

예를 들어, 한 여자가 나를 찾아 와서는 기관총을 쏘듯이 말을 쏟아놓기 시작했다. 그녀는 들어 오는 순간부터 말을 그치지 않았다. 나는 이렇게 생각했다. '이 여자도 숨을 쉬어야 할거야. 그녀가 숨을 돌릴 때 말할 기회를 잡아야지.' 그러나 나는 오십 분 동안 기회를 잡을 수 없었다. 그녀는 너무나 많은 상세한 이야기들을 늘어놓았다. 나는 그녀가 하는 말을 따라갈 수 없었다.

어떤 여자들은 이런 저런 이야기를 두서없이 늘어 놓다가 다시 본래 이야기로 돌아 올 것이다. 다른 어떤 여자들은 이런 말을 쏟아놓는다. "오, 제가 어떤 일을 겪었는지 모르실거예요. 저는 제 자신에게 너무나 실망했어요. 저는 주님께서 제게 화가 나셔서 다시는 저를 사랑하지 않으시리라는 사실을 알고 있어요. 어떻게 해야 할지 모르겠어요……." 그녀는 십여 분 동안 자기가 모르는 것에 대한 말을 늘어놓았다.

나는 그런 시점에 종종 이렇게 말할 것이다. "시간이 다 됐습니다. 잠깐 이야기를 멈춰 주세요. 무엇에 대해 말씀을 하고 계신지 말씀해 주세요." 그러나 대개 나는 그들로 하여금 어떤 일이 일어나고 있는지를 자세히 말하도록 인도하는 것 이상의 많은 말을 할 필요가 없다.

반면에, 나는 남자들을 상담할 때 종종 어떤 일이 일어나고 있는지를 분명히 알기 위해서 유도 질문을 할 필요가 있다.

남자는 보통 자리에 앉아 이렇게 말할 것이다. "어떻게 시작해야 할지 모르겠습니다…… 어디서부터 시작해야 될지 모르겠습니다…… 여기 있는 것이 혼란스럽습니다…… 이곳에 왜 왔는지 모르겠습니다…… 이건 제게 힘든 일입니다…… 저는 한 여자와 관계를 가지고 있습니다."

"그래요, 그 문제에 대해 말씀해 주시지요."

"지금 말씀드리지 않았습니까?"

나는 남자들을 상담할 때 종종 그들의 문제의 범위를 알기 위해서 특정한 질문들을 제기해야 한다. "이 여자의 이름이 뭡니가? 어디서 그녀를 만났습니까? 그녀의 어떤 점에 반하셨습니까?"

● **직업과 관계들.** 남자들은 직업 상의 문제들과 더 씨름하고 가정 문제와는 덜 씨름하는 경향이 있다. 사실상, 남자는 직업 상 발전이 있을 경우에 가정 생활이 별로 행복하지 않더라도 참을 수 있다.

여자들은 그럴 수 없다. 그들은 관계들과 더 씨름하는 경향이 있다. 그것이 여자들이 남자들보다 훨씬 더 자주 결혼 상담을 받으려 하는 이유이다. 그들이 관계에 많은 관심을 가지고 있기 때문이다.

오늘날의 많은 여자들이 가정과 직업의 두 가지 문제와 씨름하고 있다. 특히 가정에 얼마나 많은 시간을 부여해야 하는가를 놓고 씨름하고 있는 것이다. 그들은 가정 밖에서 직업을 추구할 경우에 자기들이 가정을 등한시 한다고 생각한다.

전형적인 남자는 이렇게 말한다. "내가 할 일은 돈을 버는 것이고, 내 아내가 할 일은 가정을 돌보는 겁니다." 전형적인 여자는 직업을 추구하고 있는 경우에도, 여전히 가정에서 일어나는 관계에 주로 책임이 있다고 느끼고 있다.

나는 열심으로 직업을 추구하지만 불행한 삶을 사는 많은 독신 여성들을 상담하고 있다. 그들은 "만일 제가 결혼할 수만 있다면, 그것이 모든 문제를 해결해줄 거예요"라든가 "제가 남자들과 갖는 관계는 잘 진행되지를 않아요. 저는 한 남자와 여섯 달 정도 데이트를 하지요. 그리고나서 그가 저를 차버리는 거예요"라고 말한다.

이처럼 독신 여성들조차도 관계들에 대해서 더 많은 관심을 가지고 있다. 나는 "저는 재정적인 위기를 맞고 있습니다"라든가, "제 사업이 고전을 겪고 있어요. 말씀 좀 나눌 수 있을까요"라고 말하는 여자들을 별로 본 적이 없다.

• 상담에 대한 기대. 여자들은 문제의 초기 단계에 상담을 받으러 오는 경향이 있다. 그들은 더 빨리 도움을 구한다. 남자들은 자기들이 도움을 필요로 한다는 사실을 인정하고 싶어하지 않는다. 남자들이 주저하면서 길을 물어보는 것처럼―우리 남자들은 상황을 통제하지 못한다는 사실을 인정하기를 싫어한다―남자들은 더 자부심이 강하기 때문에 상담을 받으러 오기를 주저한다.

그러나 남자들은 상담을 받으러 올 때, 해결책을 기대한다. "이 문제를 어떻게 해결하실건지 계획을 말씀해 주십시오. 내가 취할 수 있는 선택들을 더 분명히 파악하고 이 자리를 떠나고 싶습니다."

여자들은 대개 도움을 얻기 위해 상담을 받으러 온다. "저를 이해하는 사람이 필요해요." 그러므로 함께 있어 주는 사역이 여자들을 상담할 때 훨씬 더 중요하다. 그리고 선택들을 제공하는 사역이 남자들을 상담할 때 더 중요하다.

• 상담에 대한 두려움. 많은 남자들은 자기들이 상담 중에 감정적으로 무너질 것이라는 사실을 두려워한다. 남자들은 상담 중에 울게 될 때, 대개 변명을 늘어 놓는다. 내 사무실에서 우는 남자는 누구할 것 없이 그 사실에 대해 당황한다.

우리는 남자들을 상담할 때보다 여자들을 상담할 때 더 많은 크리넥스 상자를 사용하게 된다. 여자들은 종종 울 경우에도, 거의 그 사실에 대해 변명하지 않는다. 그들은 "글쎄요, 저는 이곳에 들어 올 때 울지 않으리라고 결심했어요"라고 말함으로써 시작하지만, "하지만 저는 울거예요"라고 결론을 내릴 것이다.

반면에 여자들은 어떤 어두운 환상이나 비밀이나 충동에 대해 내게 이야기할 경우에, 내가 자기들에 대해서 안 좋게 생각할지 모른다고 두려워 한다. 그들은 자기들이 내 상담을 받을 자격이 없는 존재로 간주될 것이라고 느끼는 것이다. 그들은 "제가 이 말씀을 드리면 저를 거절하실 거예요"라고 말할 것이다.

남자들은 자기들의 탈선이나 환상들을 함께 나누는 데 대해서 별 관심이 없다. 그들은 전형적으로 이렇게 말할 것이다. "저는 이 일에 자부심을 느낍니다. 하지만 저는 제 친구의 아내에 대해서 잘 알고 있습니다."

또한 남자들은 실수, 특히 사업이나 가족을 돌보는 데 있어서 범한 실수에 더 당황한다. 그것은 성적인 불성실함보다도 더 그들을 괴롭힌다. 대부분의 여자들에게 있어서는 사정이 정 반대일 것이다.

●**성격적인 경향들.** 나는 정신적인 건강을 하나의 연속체로 생각하고 싶다. 왼쪽에는 지나치게 다른 사람들에 대해 책임감을 느끼고 있는 사람들이 있고(신경과민 환자들), 오른쪽에는 지나치게 자기에 몰두해 있는 사람들(자아도취자들)이 있다. 이러한 연속체에 있어서, 여자들은 왼편에, 남자들은 오른 편에 서는 경향이 있다.

한 여자가 나를 찾아 와 어머니가 전화를 걸었을 때 전화를 끊은 것 때문에 죄책감을 느끼고 있다고 말했다. 나는 대화를 나누는 중에 그것이 그녀의 어머니가 그날 걸은 열번째 전화였다는 사실을 발견했다.

그 여자는 이렇게 말했다. "아시다시피, 저는 어머니에게 더 세심해야 해요. 어머니는 제게 생명을 주시고 저를 세상에 내보내시기 위해서 목숨을 거셨지요. 그런데도 저는 어머니께 화를 내고 전화를 끊었어요. 저는 너무나 당혹스럽고 죄책감이 들어요."

아니면 남편이 열 번도 넘게 바람을 피워 이렇게 말하는 여자를 생각해 보자. "저는 제가 결혼 생활 중에 잘못을 범하고 있음을 알고 있어요. 저는 그의 욕구들을 충족시켜 주지 못하고 있어요."

그것은 지나친 신경과민이다.

과도한 신경과민의 보다 가벼운 예가 남자들보다는 여자들에게서 더 많이 보게 되는 상호 의존(co-dependency)이다.

우리는 그 연속체의 오른 편에서 대부분의 남자들을 보게 된다. 그들은 일반적으로 세상이 자기들을 섬기기 위해 존재한다고 생각하는 자아도취자들이다. 그들은 자기에게 흠뻑 빠져 있다. 나르시스(Narcissus)

는 희랍 신화에 나오는 인물로 언제나 자기 얼굴만을 바라 본 인물이다. 남자들이 반드시 허황된 것은 아니다. 그들은 단지 자신에게 빠져 있을 뿐이다.

극단적인 경우에, 이러한 타입의 남자는 자기 아내를 사업 세계에서 과시하기 위해서 어깨에 손을 두르고 다니는 존재로 생각한다. 그는 사업 세계에서 성공하기 위해서는 근사하게 꾸며야 하기 때문에 아이들은 새 신을 신을 수 없지만, 자기는 롤렉스 시계를 가져야 한다고 생각한다.

신용 카드 때문에 10만 불을 빚지고 있는 한 커플이 나를 찾아 왔다. 나는 첫번째 상담이 끝난 후에 그들에게 예산안을 작성하라고 요청했다. 그들은 다음 주에 돌아 왔다. 하지만 그 아내는 몹시 수줍어하고 있었다.

그녀는 이렇게 말했다. "저는 당황하고 있어요."

나는 이렇게 대답했다. "이해합니다. 하지만 두 분을 위한 재정적인 계획을 세우기 위해서는 액수를 살펴 보아야 합니다."

일년 동안의 예산을 함께 짠 후에 지불 되지 않은 4만 불이 여전히 남아 있었다. 그것에 관해서 물었을 때, 그들은 더 수줍어했다.

나는 이렇게 물었다. "무엇을 하셨습니까?"

"글쎄요, 약간의 여행을 했습니다."

"약간이 몇 번입니까?"

"네 번입니다."

"여러분은 신용 카드 때문에 10만 불 빚을 졌는데 여행에 4만 불을 썼다는 말입니까?"

그러나 남편이 이렇게 대답했다. "글쎄요. 아시다시피 저는 제 돈을 쓴 것 뿐입니다. 그리고 저는 우리가 그 정도는 할 만한 자격이 있다고 생각했습니다."

그것이 자아 도취이다.

자아 도취자들은 또한 그들 스스로의 죄와 실수에 대해서 더 둔한 경향이 있다. 문제가 생길 때 그들이 자신의 고용주로부터 돈을 갈취한다고 생각해 보자. 그는 자기가 사회에 죄를 지었다는 사실보다 들켰다는 사실에 더 당황할 것이다. "이것은 내 명성에 먹칠을 할거야!" 자아 도취자가 혼외 정사를 가질 때, 그는 자신의 결혼 서약을 어기고 아내에게 상처를 입힌 것보다는 그 사실이 밝혀졌을 때 사람들이 어떻게 생각할 것인가에 더 관심을 가지는 것이다.

물론, 대부분의 남자들은 이런 극단적인 경우에 해당되지 않는다. 하지만 그들이 자아 도취에 빠지는 경향이 크다는 것은 틀림 없는 사실이다.

남자들과 여자들에 대한 통념들 모두가 맞는 것은 아니다. 이 미묘한 차이를 밝히기 위해서 남자들과 여자들을 상담함에 있어서 그들을 더 잘 이해할 수 있도록 도움을 줄 한 가지 양상을 제시하고자 한다.

남자들 : 직업이 언제나 모든 것은 아니다

내가 남자들에 관해 이야기한 것이 모든 남자에게 해당되는 것은 아니며 영원히 그런 것도 아니다. 직업에 대한 그들의 선입견과 그들 자신에 대한 생각이 극적으로 변화하는 시기가 임한다.

상담자들은 현명하게 그 사실을 주목한다. 나이가 40세에 이르면 남자들은 직업에 초점을 맞춘다. 그들은 장기간의 목표들, 직업 상의 성취에 거의 모든 시간을 소비한다. 나를 찾아 오는 40세 이하의 남자들은 일과 관련된 문제들과 씨름하고 있다. 그들은 승진을 하지 못했다. 좌천을 당했다. 또는 해고를 당했다. 그들의 자존심의 많은 부분이 그들의 직업과 연결되어 있는 것이다.

남자가 사십 대 중반에 이를 때 변화가 일어나게 된다. 우리는 45세가 될 때까지 직업적인 목표를 달성했든가 아니면 달성하지 못했든가 아니면 못할 것이든가 둘 중 하나이다. 남자들은 그 문제를 해결해야 한다. 물론 이것이 많은 남자들이 자신의 삶을 재형성하기를 결정해야 하는 전형적인 중년기의 위기이다.

한 가지 변화는 사십대 남자들이 자신의 감정과 관계들을 접촉하기 시작한다는 것이다. 그들은 아이들에게 헌신할 준비를 갖추게 된다. 문제는 아버지가 더 많은 시간과 정력을 자기 아이들에게 줄 수 있게 되는 바로 그 때, 십대 후반의 아이들이 "아버지 전 관심이 없어요"라든가 "제가 아버지를 필요로 했을 때에는 어디 계셨지요"라고 말한다는 것이다.

그 남자는 또한 자기 아내와 새로운 다리를 놓기 위해 애쓸 수 있다. 그 노력의 성공 여부는 그들의 결혼 생활이 얼마나 안정적이었는가에 달려 있다.

이 시기는 또한 남자들이 자신의 도덕성을 접촉하는 시기이다. 20세 된 남자는 자기가 총을 맞아도 죽지 않는다고 생각한다. 사십 세에 이르게 될 때, 남자들은 심장마비나 그밖의 치명적인 병에 걸린 친구나 사업상 아는 사람들에 관한 소식을 듣기 시작하게 된다. 그 결과로 남자들은 자기가 영원히 살지 못하리라는 사실을 생각하게 되며, 그러는 가운데 종종 영적인 문제를 탐구하게 되는 것이다.

남자의 생애에 있어서의 이 시기는 상담자가 반드시 인식해야 하는 시기이다.

여자들 : 감정적인 유혹

여자 피상담자가 자기 목사 / 상담자에게 성적으로 매력을 느끼게 되는 것은 흔히 있는 일이다. 그러나 많은 목사들이 깨닫지 못하는 사실은 그들, 목사들이 종종 고의가 아닐지라도 이것을 부추긴다는 사실이다.

목사는 언제나 여자를 이해하는 편이다. 그는 그 여자가 그를 필요로 할 때 함께 있어 준다. 또한 그녀가 느끼는 모든 것을 이해하는 것처럼 보인다. 그리고 결코 그녀와 맞서지 않는다. 그녀는 얼마 못가서 그와 자기 남편을 비교하기 시작한다. "나는 왜 이 목사님처럼 멋지고, 세심하고, 다정하고, 사랑이 넘치고, 관심이 많은 남자를 두고 이렇게 머저리 같은 남자와 결혼했을까?"

그것이 그 여자가 감정적으로 유혹을 받는 때이다. 그러나 아직까지는 성적인 문제가 개입되지 않았다. 문제는 일단 감정적으로 유혹을 받은 그녀가 사랑에 빠져 그 목사에게 성적인 매력을 느낀다는 것이다.

그 동안 그 목사는 열심히 상담을 해 왔을 뿐인데 그런 결과가 일어나는 것이다.

감정적인 유혹을 피하는 길은 우선 우리의 돌보는 태도가 여자들에게 끼치는 힘을 인식하는 것이다. 그것은 여자들이 남자에게 간절히 바라는 것이다. 그러므로 우리는 마땅히 그래야 하는 대로 그들에게 돌봄을 제공할 때, 그것이 여자에게 어떤 영향을 미칠 수 있는가를 의식해야 하는 것이다.

둘째로, 우리는 우리 편에서의 감정적인 표현이 오해를 받지 않게 해야 한다.

예를 들어, 접촉에 대해 생각해 보자. 나는 거의 접촉을 하지 않는다. 내가 여자를 접촉하는 유일한 경우는 함께 기도할 때 뿐이다. 또한 어떤 여자가 맥없이 끔찍한 모습을 하고 있을 때 나는 이렇게 말할 것이다. "포옹하고 싶어하는 것처럼 보이는군요. 포옹을 하고 싶습니까?" 그리고 그녀가 동의할 때, 그 때만, 나는 그렇게 할 것이다. 그러나 그 때도 나는 정면에서 포옹하거나 오래 포옹하지 않을 것이다. 부드럽게 포옹을 하고 한 손만을 어깨에 걸치는 것이다. 나는 그녀를 위로해 주고 싶다. 그러나 나는 다른 어떤 의미가 그 포옹에 함축되는 것을 원치 않는다.

어떤 여자 피상담자가 포옹을 원할 때, 나는 판단을 해야 한다. 그것이 부적절한 일이라고 생각할 경우에, 나는 그렇게 하지 않을 것이다. 하지만 나는 기분을 상하게 해서는 안된다. "무슨 일인지 말씀해 주시지요. 그것이 지금 당신에게 그렇게 중요한 이유가 뭡니까?"

상담 중에, 어떤 여자들은 내가 편안하게 느끼는 것 이상으로 신체적으로 나를 가까이 하려고 한다. 그런 경우에 나는 이렇게 말할 것이다. "의자가 정상적으로 배열되어 있을 때 보다 더 저와 가까이 있기를 좋아하시는군요. 왜 그것이 당신에게 중요한지에 대해서 대화를 나눌 수 있을지 모르겠군요?"

그러한 표현들은 잠정적으로 위험한 상황들을 벗어나는 데 강력한 힘을 발휘한다. 나는 종종 그런 표현들을 사용한다.

종종 신경증과 정신병의 경계 상태에 있는 사람들은 이런 점에서 문제를 일으킬 가능성이 가장 큰 사람들이다. 목사는 그런 사람, 특히 그런 여자들을 식별할 수 있다. 여기에 더 식별하기 쉬운 특징들이 있다.

- 상담자를 우상화 하는 것과 그런 후에 그를 경멸하는 것 사이를 오간다.

- 잠정적으로 자기를 파괴하는 최소한 두 가지 영역 — 즉 과소비, 섹스, 물질 사용, 들치기, 부주의한 운전, 법석대는 잔치 — 내의 충동을 느낀다.

- 화냄, 지속적인 분노, 재발하는 신체적 싸움 등이 빈번히 발발한다.

- 자살 위협이나 제스처, 또는 자해 행동이 반복해서 일어난다.

- 고질적인 공허감을 느낀다.

- 실제적인 또는 상상적인 버려짐에 대해 공포감을 느낀다.

신경증과 정신병의 경계 상태에 있는 거의 모든 여자들은 그들의 삶의 초기에 버림을 받았거나, 감정적으로 거리가 있는 아버지들을 가지고 있거나, 아버지들에 의해 성적인 학대를 받았다.

문제는 남자들인 대부분의 목사들이 자기 도취에 빠지는 경향이 있다는 것이다. 그리고 그것이 신경증과 정신병의 경계 상태(목사님, 당신은 위대하세요.. 당신은 정말로 나를 도울 수 있는 분이세요)와 폭발적인 수 있는 자아 도취자(결국 내가 얼마나 재주있는 사람인 줄을 누군가가 알고 있어. 여기 내가 정말로 도울 수 있는 사람이 있군)의 결합이다. 목사들의 성적으로 경솔한 행동의 많은 부분이 이런 결합에 근원을 두고 있는 것이다.

그와 동시에, 신경증과 정신병의 경계 상태에 있는 그 사람에 의해 이

용당하기를 거부하는 목사는 자기가 깊은 문제에 **빠져** 있음을 발견할 수 있다. 만일 그 여자가 거부 당했다고 느낀다면, 그녀는 폭언을 퍼붓거나 그 목사가 차갑고 냉담하다는 거짓된 소문을 퍼뜨리기 시작할 수도 있다. 또는 더 나쁜 경우에는 간음을 범했다는 소문을 퍼뜨릴 수도 있다. 아니면 그녀는 한 여자가 내가 그렇게 했듯이 예배 후에 그 목사에게 접근해서 암시적인 압력을 가할 것이다. 신경증과 정신병의 경계 상태에 있는 사람들은 극도로 사악할 수 있다.

그것이 상담 가운데 분명한 보호물과 경계선을 세워야 하는 이유이다. 결코 여자의 집이나 아파트에 홀로 가지 말라. 건물 안에 다른 사람이 없을 경우에 여러분의 사무실에서 상담을 하지 말라.

그리고 나는 소문을 듣게 될 경우에, 가능한 한 빨리 그 소문을 조용하게 다루고자 애쓴다. 내가 상담했던 한 여자는 내가 교회의 직원 한 사람과 관계를 가지고 있다고 생각한다고 말했다. 나는 이렇게 응했다. "그 문제에 대해서 이야기해 봅시다. 무엇이 당신으로 하여금 그렇게 생각하게 만들었습니까? 왜 그런 식으로 생각하십니까?" 종종 그렇게 하는 것이 사태를 신속히 처리한다.

그러나 그런 사람들을 상담하는 것은 위험이 따르는 일이다. 그것은 목사들에게 있어서 의사나 정치가들이나 법관들에게 있어서처럼 지뢰밭을 통과하는 것처럼 위험한 일인 것이다.

일시적인 아버지

주목해야 할 또 한 가지 중요한 차이점이 있다. 나는 너무나 많은 남녀들에게 그들이 어린 나이에 잃어버린 아버지가 되고, 그들의 아버지와 다른 사랑이 넘치는 사람이 된다. 어느 정도까지 그것은 타당한 전이(轉移, 11장을 참조하라)이다. 그리고 그 전이가 남자들과 여자들에게 작용하는 방법은 서로 다르다.

• **권위를 가진 남성(male authority figure).** 많은 여자들은 아버

지로부터 받지 못했거나 더 이상 받지 못하는 다독거림을 받기 위해 나를 찾아 온다.

최근에 한 여자가 나를 찾아 와서 울고 또 울었다. 그녀는 흐느끼면서 이렇게 말했다. "제 아버지가 돌아가셨어요. 그리고 목사님이 제가 대화할 수 있는 유일한 상대세요." 이처럼 나는 그녀의 아버지를 대체하는 사람이 된 것이다.

그것은 당분간은 괜찮았다. 나는 결국 그 전이를 해결해야 했다. 나는 그녀의 남은 일생 동안 그녀의 문제를 해결해 주는 남자가 되는 함정에 빠져들기를 바라지 않았다. 나는 그녀가 권위적인 남성 없이 삶을 다루는 스스로의 능력에 대해 충분한 확신을 가질 수 있도록 돕고 싶었다. 그러나 우선 나는 그녀의 즉각적인 감정적 필요들을 충족시켜 주어야 했다. 그 때 비로소 그녀는 뒤로 물러나 새로운 관점을 얻을 수 있게 되었던 것이다.

그런 상황 하에서, 어쩌면 두 세 번의 상담이 지난 후 필요한 순간이 임할 때, 나는 이렇게 말할 것이다. "당신이 제게 부여하신 능력을 인식하고 계십니까? 그리고 제가 당신이 생각하고 말씀하시는 바에 대해서 어떻게 생각하고 있는지를 의식하고 계십니까? 그것이 당신이 일생 내내 계속 하실 일입니까?" 또는 나는 이렇게 말할 것이다. "당신이 당신의 결정에 관해서 어떻게 느끼는가는 내가 그 느낌을 인정하느냐 인정하지 않느냐에 기초하고 있습니다".

목사들은 특히 성적으로 학대받는 여자들을 조심스럽게 다뤄야 한다. 그 여자들 중 다수가 아버지나 중요한 남자들에게 학대를 받아 왔다. 따라서 우리는 그들을 이용하거나 학대하지 않는 관계를 그들과 쌓을 필요가 있다.

언젠가 나는 아버지한테 늘상 못생겼다는 말을 듣고 자란 한 여자를 상담한 적이 있다. 사실상, 그녀는 매우 매력적인 여성이었다. 그러나 그녀의 전 생애는 그와 상반되는 메시지를 듣고 지낸 생애였다. 나는 상담자로서 "새 아버지"로 행동했다. 그것은 그녀로 하여금 나를 의지하게 하기 위함이 아니라 권위를 가진 남성으로부터 긍정적인 말을 들을 수 있게 하기 위함이었다.

물론 나는 조심스럽게 그렇게 하였다. 나는 그것이 마치 유혹처럼 보이지 않기를 원했다. 따라서 나는 사회적으로 안전한 육체적인 거리를 두고 일상적인 음성으로 다음과 같이 말했다. "아시다시피, 저는 한 남자로서 그런 식으로 당신을 체험하고 싶지 않습니다. 저는 당신을 추하다고 보지 않습니다. 저는 당신을 매력적인 여성으로 봅니다."

나는 그 당시에 그녀에게 가까이 다가가지 않았다. 나는 이렇게 말하지 않았다. "야, 정말 멋지게 보이십니다. 와, 몸매가 정말 좋습니다!" 그런 모든 말은 암시적인 말이 될 수 있다.

하지만 일단 그녀가 감정적인 평형 상태를 유지하기 시작했을 때, 나는 그녀가 아버지나 내가 한 말에 상관 없이 스스로에 대해 좋게 생각할 수 있다는 사실을 깨달을 수 있게 만들고자 애썼다.

●**막역한 남자 친구.** 나는 많은 남자들에게 그들이 전혀 대화를 나눠 본 적이 없는 아버지가 되었다. 아마도 그들의 아버지는 너무 바쁘거나 냉담해서 감정적으로 그들의 도움이 되지 못했을 것이다. 아니면 그들이 실수하도록 허용하지 않았거나 그들을 버렸을 것이다. 어쨌든, 내가 그런 사람들을 위해서 할 수 있는 최선의 일은 위협적이지 않고 안전한 막역한 친구가 되는 것이다.

사실상, 여러 해 동안 내게 다음과 같이 말한 남자들의 수가 수십 명에 달한다. "당신은 제가 이 문제에 대해 대화할 수 있는 유일한 사람입니다." 이것은 혼란스러운 사실이다.

당연히 나는 이 남자들이 다른 남자들에게도 비밀을 털어 놓기를 배울 수 있도록 도와 주려 애쓴다. 그러나 우선 그들은 나를 아버지와 같은 인물로 생각하고, 내게 비밀을 털어 놓음으로써 확신과 신뢰를 쌓을 필요가 있다물론 한 동안 어머니와 같은 인물을 다뤄야 할 필요가 있는 남자들도 있다. 아마도 그들의 어머니는 지배적이고 강압적이었으며, 그 사실이 여전히 그들에게 영향을 끼치고 있을 수도 있다. 그들은 여자 치료자와 함께 긍정적인 관계를 쌓을 필요가 있다. 따라서 나는 그런 남자들을 여자 치료사에게 위임할 것이다.

각각의 상담

남자들과 여자들이 이러한 차이점들을 갖고 있는 것이 사실이라면, 많은 경우에 그들은 다른 방법으로 상담한다는 것은 사리에 닿는 일일 뿐이다. 나는 남자들과 여자들을 이런 방법으로 접근한다.

•**여자들：생각 이전에 느낌.** 많은 여자들은 우선 어떤 문제에 관한 감정을 다루기 전에는 자신의 선택권들에 관해서, 그리고 자신이 해야 할 일이 무엇인지에 관해서 생각할 수가 없다. 여자들에게는 감정이 먼저고 생각은 그 다음인 것이다.

한 스튜어디스와 그녀의 남편이 문제를 안고 있었다. 사실 그는 혼외 정사를 벌이고 있었는데 그 정부(情婦)가 자살을 했다. 그것도 부족했던지, 그는 아내에게 알리지도 않은 채로 직장을 그만 두고 알라스카(Alaska)에 새 직장을 구했다. 그는 그녀가 비행사를 그만 두고 함께 그곳에 가기를 바라고 있었다.

나를 만나러 왔을 때, 그녀는 격노한 상태였다. 나는 그녀로 하여금 남편이 그녀에게 한 일에 대해서 화를 내게 하였다. "제 남편이 제게 한 일을 믿으실 수 없을 거예요. 저는 그 작자를 증오해요." 그녀는 한 동안 노발대발하고 폭언을 퍼부은 후에 안정을 되찾기 시작했다.

한 동안 그녀의 감정에 대해서 대화를 나눈 후에, 나는 마침내 이렇게 말했다. "당신의 감정을 충분히 이해합니다. 그렇다면 당신은 당신의 결혼에 대해서 어떻게 생각하십니까?"

그녀는 이렇게 말했다. "글쎄요, 결혼 생활이 제대로 되기를 바라죠."

그리고 우리는 계속해서 그 문제를 다루었다. 예를 들어, 남편이 직장을 옮기는 문제에 대해서 대화를 나누었을 때, 나는 이렇게 말했다. "당신이 그 이직에 대해서 어떻게 느끼실지 확실히 알 수 있습니다. 그러나 그가 단지 보다 성실한 가족 부양자가 되기를 원하고 있을 가능성도 있습니다. 그에게는 지금 그가 버는 것보다 세 배나 되는 돈을 벌 기회가 주어진 겁니다. 그가 당신이 자기 결정을 따르지 않으리라는 생각을 하지 않았는지도 모릅니다. 그는 전혀 악의를 품고 있지 않을 겁니다. 다만 그는 사려가 깊지 못할 뿐일 겁니다."

그 시점에서 그녀는 자신의 상처를 넘어서 또 다른 관점에서 사물을 바라 볼 준비를 갖추고 있었다. 만일 내가 상담 시작부터 "그렇게 할 겁니까 아닙니까?라고 말함으로써 그녀와 맞섰다면, 우리는 아무런 진전도 이루지 못했을 것이다. 나는 그 여자의 복잡하고 어두운 감정을 마침내 이해할 때까지 분석을 유보해야만 했다. 일단 그녀는 지지와 인정을 받고 난 다음에 문제를 해결할 준비를 갖추게 된 것이다.

•남자들:느낌 이전에 생각. 이미 언급했듯이, 남자들은 상담의 결과로 어떤 해결책이나 게임의 계획을 얻기를 기대하고 상담을 받으러 온다. 그들은 문에 들어서자 마자 분석할 준비를 갖추고 있다. 그러나 건전한 해결책을 찾기 위해서, 그들은 감정을 진전시킬 필요가 있다. 그러나 나는 남자들을 상담할 때 그들의 생각을 탁자 위에 올려 놓을 때까지 감정들을 유보해야 한다.

간통을 하고 직업을 바꾼 이 남자가 대화를 나누기 위해 나를 찾아 왔을 때, 우리는 상담의 첫 부분을 일어난 일에 대해 이야기하는 데 보냈다. 나는 그에게 이런 질문들을 했다. "어떻게 그녀를 만났는지 말씀해 주십시오. 그녀가 당신에게 무슨 의미가 있습니까? 그녀와 어떤 체험들을 했습니까? 마지막으로 그녀와 함께 보낸 시간에 대해 말씀해 주십시오."

그리고나서 우리는 그가 계획하고 있는 바에 대해서 대화를 나누었다.

"글쎄요. 그 여자의 가족이…… 하기 위해 시내에 올 겁니다. 그리고 저는 아파트에서 그들을 만날 겁니다. 아내에게 말해야겠습니다. 그녀가 이해하지 못할 것이기 때문이죠……"

과거에 일어난 일과 미래의 계획에 대해 그와 함께 나눈 모든 대화는 모든 것이 고통을 피하기 위해 그가 사용하는 조직적인 방법임을 보여주었다. 하지만 나는 그와 한동안 대화를 나눈 후에 이렇게 말했다. "이것이 당신에게 고통스러운 일이었을 것이었으리라는 추측이 드는군요. 그녀가 자살하는 것에 대해서 어떻게 생각하십니까?"

그러자 감정이 솟구쳐 오른 그는 이렇게 말할 수 있었다. "저는 죄책감을 느끼고 있습니다. 제게 책임이 있다고 느끼고 있습니다……."

내 추측으로는 그가 즉각적으로 그런 사실을 드러내지 않았으리라는 것이다. 우선, 우리는 생각들에 대해서 이야기해야 했던 것이다.

남자들과 여자들간의 차이점들 간의 깊이는 심오하다. 나는 여기서 몇 가지 근본적인 차이점들과 그것들을 다루는 법에 대해서 간략하게 다루었다. 물론 피상담자들은 끊임 없이 내게 커브 볼을 던진다 : 어떤 여자는 일에 지쳐서 찾아 올 것이다. 그리고 어떤 남자는 스스로의 감정을 즉시 탐구하기를 원할 것이다.

그러나 대부분의 경우에, 나는 내가 예상하는 강속구들을 보게 된다. 그리고 강속구가 날아 온다는 사실을 아는 것이 나로 하여금 남자들과 여자들을 위한 더 나은 상담자가 될 수 있도록 도움을 주어 왔다.

모든 문제에는 배경이 있다. 그리고 우리는 문제를 해결하기 위해서
종종 그 배경에 손을 대야 한다.

―아키발트 하트

제 9 장
모든 것이 가정 안에서

마조리는 오십 세가 될 때까지 "이상적인" 아내이자 어머니였다. 그
녀는 남편이 조그만 마을에서 변호사로 개업할 수 있도록 시골로 이사가
는 데 아무런 불평 없이 자신의 욕구들을 희생했다. 그녀는 자기 딸을 그
마을의 보수적인 기준에 맞춰서 양육했다. 그녀는 성실하게 교회와 여성
그룹에 출석했으며, 자발적으로 주일 학교에서 봉사했다.

그러나 그녀는 오십 세가 되었을 때, 인생이 허무한 것이 아닌가 의아
히 여기게 되었다. 그녀는 무기력해졌다. 그녀는 자신의 생애가 지루하
고, 무의미하며, 희망이 없다고 느꼈다. 그녀는 심각한 우울증에 빠졌다.

그녀는 자살에 대해 이야기했다.

그녀는 그런 상황 하에 나를 찾아 왔다. 그녀는 17살이 된 딸이 매주 남자 친구와 함께 가까운 마을에서 술을 마시고 춤을 추러 다니기를 시작했을 때까지 우울증에 빠져 있었다.

그 어머니는 갑자기 우울증에서 벗어났다. 그녀는 십대처럼 옷을 입고 딸을 모방하기 시작했다. 그것이 딸을 크게 놀라게 만들었다. 그 딸은 화를 냈다. 그 다음으로 내가 발견한 것은 그 딸이 임신을 하게 되었다는 사실이었다.

어쨌든 이 모든 사실은 바쁜 그의 남편에게 비밀로 감춰지고 있었다. 그러나 그는 어떤 일이 일어나고 있었는가를 알게 되었을 때 극도의 우울증에 빠지게 되었다. 그는 아내를 달래 그 도시의 한 아파트에 살게 함으로써 그녀를 마을 사람들의 눈에 띄지 않게 하였다.

여기서 무엇이 문제인가? 부분적으로는 그녀의 아내이다. 그녀는 나이를 먹어가는 문제를 해결하지 못했다. 그녀는 그 문제를 전혀 감당할 수 없었던 것이다.

그러나 만일 내가 마치 그녀 자신이 문제인 것처럼 이 여자를 상담했다면, 나는 더 큰 문제를 놓쳤을 것이다.

그 남편과 딸을 상담의 자리까지 인도한 후에, 나는 그 아내가 남편의 부추김 때문에 남편의 일에 깊이 빠져들게 되었다는 사실을 깨달았다. 그녀는 그의 고객들을 즐겁게 만들어 주었다. 그녀는 그의 사업을 번창시키기 위해서 계속 모습을 드러내었다. 그녀는 모범적인 변호사 아내가 되기 시작했으며, 그 결과로 자신의 삶을 갖지 못하게 되었다. 이제 그녀는 반항을 하고 있었다. 그녀는 그의 일이나 삶과 아무런 연관도 갖고 싶지 않았다.

그녀의 남편은 그녀가 집 밖에서 일하는 것을 허락하지 않았다. 그래서 그녀는 스스로 돈을 벌어 본 적이 전혀 없었다. 그녀는 남편의 허락 없이는 아무 것도 스스로 산 적이 없었다. 오십 세가 되면서 그녀는 그렇게도 오랫동안 그녀를 억압해 온 가정으로부터 벗어나려 하고 있었던 것이다.

그 아버지는 또한 자기 딸의 삶에도 지나치게 간섭했다. 그래서 그 딸 역시 그에게 반항하고 있었다.

나는 그 아내의 역행(逆行)과 딸의 행동에 대해서 어떤 진전을 이루기 전에 어떻게 가족이 상호 작용을 해야 하는가를 다루어야 한다고 생각했다.

우리는 약간의 진전을 이루기는 했지만, 그러기 위해서 몇 가지 장애물을 넘어야 했다. 딸이 아기를 가지고 있었다. 그녀는 그 아이의 아버지인 젊은 남자와 결혼하고 싶어하지 않았다. 그러나 그녀는 아기를 포기하고 입양시키기를 원하지도 않았다.

이 기간 동안, 그 아버지는 아내를 기쁘게 해주기 위해서 변호사 개업을 취소했다. 그러나 그는 처음에 다른 직업을 찾는 데 어려움을 겪었다. 그러므로 우리는 이 모든 일을 다뤄야 했다.

모든 문제에는 배경이 있다

마조리(Majorie)의 문제는 극단적인 것일 수 있다. 그러나 그것은 모든 문제에는 배경이 있으며, 우리가 그 문제를 해결하기 위해서 종종 그 배경에 손을 대야 한다는 사실을 설명해 주고 있다.

나는 개별적인 접근법을 사용할 수 있었다. "마조리, 당신은 나이가 들어간다는 사실을 받아들여야 합니다. 이 문제를 함께 다뤄 봅시다." 그 방법은 그녀의 삶의 더 깊은 문제들을 다루지 못했을 것이다.

나는 그녀를 억압적인 배경으로부터 벗어나게 해 줄 수도 있었을 것이다. "당신이 그런 남편과 함께 있을 이유가 전혀 없습니다. 당신의 남편이 바로 당신의 문제입니다. 당신은 당신 자신을 발견할 필요가 있습니다." 그랬더라면 지금 쯤 그녀는 이혼해서 혼자 외롭고 불행하게 살고 있을 것이다.

마조리의 더 큰 문제를 다루는 것은 상담 과정을 크게 복잡하게 만들었다. 한 사람을 다루는 대신에, 나는 여섯 관계(그 세 사람이 서로와 가지는 관계와 나와 가지는 관계)에 관해 생각해야 했다. 한 가지 문제를 다루는 대신에 나는 많은 문제를 다뤄야 했다.

그러나 여분의 노력은 충분한 가치가 있는 것이었다. 그것은 마조리가 나이를 먹어가는 문제를 돕는 것 이상의 더 큰 유익을 산출하였다. 나는 그 가족이 장차 더 건전한 방법으로 함께 살 수 있도록 도울 수 있었던 것이다.

성경은 이렇게 가르치고 있다 : 하나님께서는 우리를 관계들 안에서 살게 만드셨다. 나는 나의 상담 체험을 통해서 그것이 사실임을 발견해 왔다. 어떤 면으로든 가족에게 영향을 끼치지 않으며, 가족에 의해 영향을 받지 않는 개별적인 문제를 가지고 있는 사람은 아무도 없다. 따라서 논의되고 있는 문제가 가정의 역학을 심각하게 손상시키고 있다는 사실이 분명해지게 될 때, 나는 가족의 구성원들을 상담 과정에 포함시키려고 애쓴다. 여기에 내가 따르고 있는 몇 가지 지침이 있다.

가정의 사례들을 다룰 때

피상담자와 그밖의 사람들이 해결할 수 없을 정도로 더 문제가 깊어지고 있음을 목사가 발견할 때, 그것이 반드시 그 목사가 즉각적으로 그 가족을 상담하기 시작해야 함을 의미하지는 않는다. 물론 그것은 목사의 전문적인 의견에 달려 있다. 그러나 일반적으로 이러한 사례 중 일부는 직업적인 전문가에게 위임하는 편이 낫다.

예를 들어, 만일 그 가족 문제의 뿌리가 깊을 경우―그 문제가 한 세대 이상 계속되었거나, 생물학적인 뿌리를 가져 왔거나, 또는 가족의 구성원이 심각한 인격 장애를 안고 있을 경우―대부분의 목사들은 현명하게 그 문제를 전문가에게 위임해야 한다.

나는 조울병을 앓고 있음이 분명한 한 여자를 상담한 적이 있다. '스트레스가 병을 유발할 수 있다. 하지만 분명한 것은 생물학이 그 뿌리의 일부라는 것이다. 그녀는 내가 추천한 약에 반응을 보였다. 그러나 그녀의 세 딸 중 두 명이 어머니의 조울병을 상속받았다. 그들은 이십대 후반인데도 불구하고 여전히 집에 살고 있다. 온 가족이 생물학적인 뿌리를 가지고 있는 상당히 심각한 정신적, 감정적인 질병에 오염되어 있었던 것이다. 이것은 분명히 목사가 전문적인 정신병 의사에게 위임해야 하는 경우이다.

또한 어떤 가족 문제들은 목사들이 맡는 편이 더 적절하다. 심리학자나 정신병 의사가 맡는 것보다도 더 적절한 것이다. 예를 들어, 어떤 가족이 어떤 사람에게 깊은 심리적인 스트레스를 주고 있기는 하지만 그 사람의 치유의 일부가 되기를 거절하고 있다면, 그것이 목사가 큰 도움이 될 수 있는 때인 것이다.

만일 전문적인 상담자가 그 사람의 가족들에게 찾아가, "아무개에게 도움을 주기 위해서 다른 가족들을 만나야 합니다"라고 말한다면, 그 가족은 아마도 "당신은 문제를 과장해서 더 많은 사람들을 상담에 끌어들여서 더 많은 돈을 챙기려 하는군요"라는 반응을 나타내게 될 것이다.

목사는 동기에 대한 의혹을 일으키지 않고도 한 가족을 찾아 도움을 구하도록 격려할 수 있는 얼마 되지 않는 전문가 중 한 사람이다. 목사에게 필요한 것은 시간과 노력 뿐이다. 만일 목사가 그런 노력을 보여줄 수 있다면, 그것은 그 가족으로 하여금 도움을 얻을 수 있다는 확신을 줄 수 있다.

만일 피상담자들과 그 가족들의 문제가 성격 상 도덕적인 문제이며, 화해와 용서를 필요로 하는 문제라면, 하늘과 땅을 화목케 하시는 분의 대리인인 목사는 일반적으로 가족을 상담의 자리로 인도함에 있어서 더 나은 사람이다. 일반적으로, 화목과 용서는 전문적인 상담자보다는 목회 상담자에 의해 더 효과적으로, 더 강력하게 다루어진다. 그러한 문제들은 성격 상 심리적이라기보다는 영적이다.

여러분이 듣는 모든 것을 믿지 말라

한 여자가 낙담한 채로 찾아 왔다. "제 문제는 남편이예요. 그는 제게 관심을 주지 않아요. 저를 충분히 사랑하지 않아요. 더 이상 여자로서의 제게 흥미가 없어요."

어떤 남자는 이렇게 말한다. "제 아이들이 제게 고통을 주고 있습니다. 그 아이들은 제가 자기들에게 주는 것들만을 원할 뿐입니다. 그리고는 저를 조금도 존경하지 않습니다."

일부 가정의 역학 관계가 변화되어야 한다는 것은 틀림없는 사실이다. 그러나 사람들이 다른 사람들의 행동의 단순한 희생제물이 되는 것이 드문 일이라는 것 또한 사실이다.

사실상, 나는 지난 몇 년 동안 나를 만나러 오는 많은 사람들이 나쁜 제도의 희생제물인 것처럼 보인다 할지라도, 때로는 그들이 그 제도를 희생시키는 자들이라는 사실을 깨닫게 된다. 종종 그들은 가정에서 일어나는 대부분의 문제를 일으키는 사람들이다. 그런데 그들은 자신의 가정을 변화시킬 수 있도록 도움을 얻기 위해서 찾아 오기는 하지만, 자신이 그 문제에 기여할 수 있다는 사실을 이해하지 못하고 있다. 그럴 경우에 상담자는 그 문제를 피상담자의 관점에서만 보는 함정에 쉽게 빠질 수 있다. 그렇게 되면 그는 가족과 맞서고 있는 피상담자와 치료 상의 연계(連繫)를 맺을 수 있다.

나는 더 큰 역학 관계들을 보자 마자 그 가족의 모든 구성원들을 끌어들임으로써 이러한 함정에 대비한다. 그리고 그들을 끌어들일 때, 나는 그 문제를 그 가족의 관점에서 보려고 애쓴다. 그것이 내가 종종 피상담자가 희생자라기보다는 다른 사람을 희생시키는 자라는 사실을 발견하게 되는 때이다.

만일 상담자들이 치료법을 적용하기 전에 전반적인 사실을 조심스럽게 조사하지 않는다면, 그 결과는 이상적인 것이 될 수 없다.

한 가지 사례를 들어 보자. 한 딸이 자기 아버지가 자기를 성적으로 학대했다고 주장했다. 그 딸이 거짓말을 할 이유가 없다고 믿은 그 치료사는 그 문제에 개입해서 다른 가족 구성원들 앞에서 그 아버지에게 도전을 가하도록 계획을 세웠다. 그 상담자와 그 딸은 그 딸이 아버지를 비난하는 내용을 온 가족에게 확신시켰다.

그래서 어떤 일이 일어나고 있는지를 전혀 모르고 있었던 그 아버지가 그 치료사와 가족에 의해 성적 학대에 관해서 도전을 받게 되었다. 그는 엄청난 충격을 받았다. 바로 그 때 내가 그 문제를 떠맡게 되었다.

그러나 나는 그 딸과 대화를 나누는 동안에 그런 학대가 전혀 일어난 적이 없다는 의혹을 갖게 되었다. 그 딸은 심각한 문제를 안고 있는 여자였다. 나는 그 치료사가 그녀의 정신적인 상태를 철저하게 조사하지 않은 채로 그녀의 말을 정직한 것으로 판단했다는 사실을 발견하게 되었다. 그녀가 아버지를 비난한 내용이 사실이 아니라는 것이 모두에게 분명해지게 되었다. 그 내용은 그녀가 혼란에 빠진 상태에서 날조한 것이었다.

이제까지의 연구들은 부모로부터 학대를 받았다고 보고하는 자녀들 중 세 사람 중 한 사람이 사실을 왜곡했음을 입증해 왔다. 상담자들은 자기가 듣는 모든 것을 믿지 않도록 조심해야 한다. 어쨌든 나는 어떤 행동을 취하기에 앞서 항상 한 가족의 실제적인 역학 관계를 이해하려고 한다.

배경 안에서 사람들을 상담하는 데 따르는 장점은 다음과 같다 : 나는 세상의 나머지 사람들과 맞서는 피상담자와 연계하지 않게 된다. 나는 일어나고 있는 일의 진실성을 발견하는 데 더 관심을 가지고 있다. 또한 나는 사람들이 나를 찾아 올 때 그 문제를 분명히 밝힌다. 그것은 속고 속는 일을 최소한으로 줄여 준다.

"삼각 관계"에 빠지지 말라
나와 피상담자가 함께 제 삼자의 문제를 해결하려 할 때, 나는 "삼각 관계"에 빠지게 된다.

예를 들어, 알콜중독자 남편을 둔 한 여자가 내게 이렇게 말한다고 하자. "저는 안 해 본 것이 없어요. 저는 막다른 골목에 봉착했어요. 어떻게 해야될지 모르겠어요. 제 남편이 술을 그만 마실 수 있게 저를 도와주시겠어요?"

동정심이 많은 상담자는 미끼를 물지 않는 데 어려움을 겪을 것이다. "무슨 일을 할 수 있는지 봅시다. 우선 이렇게 해 봅시다. 집에 가서 남편의 술 병에 들어 있는 술을 모두 버리세요. 그런 다음에 그에게 술을 끊을 때까지 성관계를 갖지 않겠다고 말하십시오."

그 시점에서, 나는 삼각 관계에 빠지게 된다. 그 아내와 나는 남편을 집단 공격하여 그를 변화시키려고 하고 있는 것이다.

문제는 상담자가 그렇게 할 경우에, 그 제 삼자가 난폭한 반응을 보인다는 것이다. 그 남편은 집단 공격을 당하고 있다고 느끼게 되며, 사실이 그러하다. 그렇게 되면 상담자는 그의 적이 되고, 치료 관계가 파괴될 가능성이 커 진다. "당신이 만나고 있는 그 목사는 문제를 일으키고 있을 뿐이요. 만일 이런 일이 일어날거라면, 나는 다시는 그 사람을 보고 싶지 않소." 두 사람 사이에는 결혼 생활의 어느 시기보다 더 많은 갈등이 일어나게 된다. 그 상담자는 삼각 관계에 빠진 것이다.

상담자들이 실수를 하는 부분은 자신이 그 삼각 관계의 세번째 차원을 변화시킬 수 있다고 생각하는 것이다. 우리는 직접 그 남자의 술 마시는 문제를 해결해 줄 수 없으며, 그 남편과 아내 간의 관계를 바로 잡아 줄 수도 없다. 우리는 그 남편을 직접 가까이 할 수 없다. 그가 도움을 구하지 않았기 때문이다

그러나 우리는 그 남편과 그리고 아내와 분명히 "구별된" 관계를 유지할 수 있다. 남편과 아내 각자와 구별된 관계를 발전시키고, 각 사람이 그 상황을 치유하기 위해서 해야 할 바를 찾을 수 있도록 도움을 줄 수 있는 것이다. 그러나 우리는 우리 자신이 그들을 위해 그 상황을 치유해

주려고 애써서는 안된다.

나는 단지 내가 그 관계의 일부인 관계만을 변화시킬 수 있다. 나는 그 남편의 알콜 중독을 해결할 수 없다. 나는 다만 관계를 쌓을 수 있을 뿐이다. 따라서 나는 직접 그 알콜 중독에 빠진 남편과의 관계를 쌓기 위해 노력해야 한다. 그럴 때 비로소 그 남편에게 영향을 끼칠 수 있는 것이다.

따라서 나는 그 문제를 직접 해결하려고 하는 대신에 그녀에게 이렇게 말할 것이다. "저는 당신의 남편의 음주가 당신에게 커다란 스트레스를 준다는 사실을 알고 있습니다. 하지만 저는 당신의 남편이 술을 그만 마시도록 돕기 위해서 당신이 해야 할 일을 말씀드릴 수가 없습니다. 당신 자신이 그 일을 해야 합니다. 하지만 저는 당신이 스트레스를 해결하고 남편을 돕기 위해서 할 수 있는 일을 발견할 수 있도록 도움을 드릴 수는 있습니다."

만일 내가 그 남편으로 하여금 나를 만나도록 할 수만 있다면, 나는 그에게 그의 음주에 대해서 물어 볼 수 있다. 만일 그가 그것이 문제라고 생각한다면, 그에게 그의 아내의 관심사가 무엇이라고 생각하는지 등의 질문을 할 수 있을 것이다.

만일 그 남편이 그 문제를 인정하기를 거부한다면, 나는 그 아내를 격려하고, 그녀가 적절하게 반응하도록 도움으로써 그녀를 도와 줄 수 있다. 그러나 나는 그녀가 알콜 중독에 빠진 남편을 변화시키는 일을 도와주지는 않는다. 나는 그녀와의 관계를 강화시키려고 노력할 뿐이다.

(만일 그 남자가 위험하다든가 아니면 아내를 학대하고 있다면, 그 문제는 법적인 문제가 된다. 그리고 내게는 그 문제를 적절한 당국에 보고함으로써 개입하는 것 외의 선택권이 없다.)

만일 그 남편이 자신의 문제를 인정하기를 거부한다면, 목사 상담자는 전문적인 상담자와 비교할 때 유리한 입장에 있다. 목사는 그 가정을 방문할 수 있다. 그는 메모를 남기거나 전화를 걸 수 있다 ― 그것이 목사에게 기대되는 일이다. 목사는 치료 관계로 발전될 수 있는 자연스러운 관계를 발전시킬 수 있다.

간섭할 장소

상담자가 그런 아내에게 부여할 수 있는 선택권 중 하나는 그녀에게 남편에게 간섭하는 계획을 짜도록 격려하는 것이다. 그렇다 하더라도, 일을 추진하는 데 대한 결정은 그녀가 내려야 한다. 또한 그녀는 기꺼이 그 결과들을 감수해야 한다.

상담자는 그 간섭을 준비하는 과정에 은밀하게 관여할 수 있다. 아마도 상담자가 수행하는 핵심적인 역할은 그 남편의 문제를 해결하기 위해서 함께 모인 가족이 그들 스스로 뜻이 합쳐지지 않은 채로 그 문제에 간섭하지 않도록 하는 것일 것이다.

한 목사 친구가 내게 전화를 걸어 알콜 중독에 빠진 자기 아버지에 관해 이야기했다. "나의 형이 며칠 동안 마을에 있을걸세. 나는 내 가족이 아버지 문제에 개입해야 한다고 생각하고 있네. 형은 내가 너무 급하게 일을 처리한다고 말하고 있다네. 어떻게 생각하나?"

나는 단호하게 이렇게 말했다. "그건 어리석은 일일세. 무엇 보다도, 자네 가족은 아버지를 만나기 전에 두어 번 만나 전략을 짜야 하네. 자네 가족은 모두가 그 전략에 동의하는가를 분명히 하기 위해서 아버지의 알콜 중독에 대한 자신의 감정들에 대해서 대화를 나눠야 하네. 그렇지 않을 경우에 자네 가족은 아버지 문제에 개입하기를 시작한 후에 가족 중 일부가 아버지에 대해 연민을 느끼게 된다는 사실을 발견하게 된다네. 그렇게 되면 자네 가족 중에 편이 갈려서 곧 간섭하는 일이 와해되고 말걸세."

"그리고 자네는 그런 간섭을 통해서 일어나는 반응에 어떻게 응해야 하는지를 알 필요가 있네. 자네 가족이 아버지의 있음직한 반응에 대응할 준비를 갖추고 있고, 전적으로 의견이 일치할 때에라야만, 자네 아버지에게, '도움을 받으셔야 합니다'라고 말하는 것이 효과를 나타낼걸세."

비밀을 만들지 말라

모든 가족 상담이 따라야만 하는 극도로 중요한 지침이 한 가지 있다. 비밀이 있어서는 안된다는 것이다. 즉 제 삼자를 속이려는 목적을 가지고 다른 사람과 협력 관계를 이루어서는 안된다는 것이다.

처음 이야기로 되돌아가 보자. 그 딸이 자기가 임신한 사실을 발견했을 때, 그 어머니가 내게 보인 첫번째 반응은 다음과 같은 것이었다. "우리는 이 문제를 비밀로 해야 해요. 제 남편에게 절대로 밝혀서는 안돼요. 우리는 마을에, 특히 교회에 이 사실이 알려지게 해서는 안돼요."

나는 즉각적으로 "안됩니다. 비밀이 있어서는 안됩니다"라고 대답했다.

그녀는 "그럴까요, 그렇다면 당신이 제 남편에게 말씀하세요"라고 말했다.

"아닙니다. 그건 제 책임이 아닙니다. 당신이나 당신의 딸이 당신의 남편에게 말할 수 있는 길을 찾아 봅시다."

우리는 그 문제를 놓고 이야기를 나눈 끝에, 결국 그 딸이 아버지에게 이야기해야 한다고 결정했다. 그리고 그 아버지와 딸이 심각한 갈등을 겪고 있음에도 불구하고, 그 딸이 그 사실을 아버지에게 이야기하였다. 그러나 결국 그 딸과 아버지는 서로와 새로운 관계를 쌓게 되었다. 엄청난 유대 관계가 형성되었던 것이다.

그러나 만일 그 어머니와 딸이 아버지에게 이야기하기 전에 석 달을 기다렸다면, 그리고 만일 그가 다른 출처로부터 그 사실을 전해 들었다면, 그것은 재난을 초래했을 것이다. 그는 모독을 당했다고 느꼈을 것이며, 그들의 관계는 세월이 갈수록 더 악화되었을 것이다.

물론 거기에 신뢰와 비밀간의 차이점이 존재한다. 나는 그 딸에 관한 사실에 대해 비밀을 지킬 것을 보장하였다. 상담자는 비밀을 누설하지 않는다. 따라서 나 또한 그 사실에 관해서 아무 말도 하지 않을 것이었다.

그 아버지가 내게 직접 그 사실에 대해서 물었다고 하자. "내 딸이 임신했다는 소문이 돌아다니는군요. 당신은 제 딸과 아내를 그 동안 만나지 않았습니까? 그것이 사실입니까?" 나는 이렇게 대답했을 것이다. "그것이 사실이든 아니든 간에 저는 말씀드릴 수 없습니다. 이 상담 과정 중에 일어나는 모든 대화에는 비밀이 보장되어 있습니다. 만일 당신이 딸에 관해서 무엇이든 알고 싶으시다면, 직접 그녀와 이야기하는 것이 좋을 것 같습니다." 한 편 나는 계속해서 그 딸과 어머니에게 그 아버지와 대화를 나누도록 권면할 것이다.

분명히 판단해야 할 것들이 있다. 십년 전에 다른 사람과 관계를 가지던 중에 낙태를 한 사실에 대해 고민하고 있는 여자는 팔 년 동안 결혼 생활을 한 남편에게 그 사실을 이야기할 것을 요구받지 않는다. 반면에 습관적으로 포르노에 빠져 있는 남자는 자기 아내에게 분명히 그 사실을 말해야 한다. 그러나 많은 경우들은 이러한 양극단의 중간에 놓여 있다.

사실상 정보를 함께 나누는 것은 유익보다는 해를 끼칠 수 있다. 나는 동성애적인 환상을 고백하는 기혼 남자들을 상담해 왔다. 나는 그들에게 그러한 사실들을 아내들과 함께 나누라고 격려하지 않아 왔다. 그것은 그들에게 부당한 짐을 지우는 일이 되었을 것이다.

때로는 정보가 공유되기 전에 기초 작업이 이루어져야 한다. 한 남편이 하룻밤의 정사(情事)를 가진 한 후에 그 사실을 아내에게 고백하고 싶어한다고 하자. 나는 대개 그 남편에게 일이 년 동안 아내에게 성실하고, 그녀와의 관계를 개선하고, 행동으로 그녀에게 그녀가 그의 삶에 가장 중요한 여자라는 사실을 보여 줄 것을 요청한다. 그리고나서 그가 사실을 고백할 때 두 사람 모두가 더 나은 입장에 처하게 되는 것이다.

예외가 있기는 하지만 내가 일반적으로 취하는 과정은 피상담자들에게 사랑하는 사람들에게 그들의 현재의 관계에 직접적인 영향을 끼치고 있는 어떤 정보든 이야기하라고 강력하게 권하는 것이다. 이것은 최소한 그들이 자신에게 중요한 사랑하는 사람들에게 자신이 상담을 받고 있다는 사실을 이야기 해 주는 것을 포함한다.

두 가지 주의 사항

가족 상담을 시작할 때, 나는 두 가지 위험을 인식한다.

●**방해.** 가족들은 자기들의 문제에 반응하는 방법들을 발전시킨다. 항상성(Homeostasis, 생체 내의 균형을 유지하려는 경향－역자주)이 발전하는 것이다. 다시 말하면, 어떤 수준의 심리적인 평형 상태가 발견되어 그 관계 내의 화평을 유지하는 데 도움을 주는 것이다. 각 사람은 자신의 개입의 수준을 발견하고 서로와의 균형을 유지한다. 모두가 자신의 역할을 가지게 되는 것이다.

이처럼 가족들은 관계를 갖는 자기들의 체계를 변화시키는 데 거리낌을 갖는다. 그 체계가 그 구성원 중 한 사람에게 커다란 스트레스를 초래한다 하더라도 말이다. 사실상, 가족의 체계들은 개인들보다 훨씬 더 변화 되기가 어렵다. 그 체계를 바꾸려고 노력하면 할수록, 그 체계가 더 많은 스트레스를 초래하는 것이다.

가정의 체계는 개인보다 훨씬 다루기가 어려운 복잡한 유기체이다. 개인들도 충분히 복잡하다. 그러나 개인을 둘, 셋, 넷, 다섯으로 늘려 보라. 그러면 여러분은 엄청나게 복잡한 체계를 대하게 될 것이다. 이처럼 가족들은 항상 이해되거나 구별될 수 없는 역학 관계로 넘치고 있다.

만일 여러분이 지나치게 가족들에게 변화를 강요한다면, 그들은 그 치유 과정을 방해할 것이다. "이 상담자가 우리를 상담하기 시작한 다음부터, 우리는 말다툼 밖에 한 것이 없어. 우리는 말다툼을 할 만큼 했어."

또는 어떤 가족의 구성원들은 자기들이 어떻게 어머니의 우울증을 부추겼는지를 인정하는 대신에, 그녀에 대한 변명을 늘어 놓을 것이다. "어머니는 우울한 타입일 뿐이야. 어머니나 우리 가족에는 아무 문제가 없어.”

상담을 방해하는 것을 방지하는 가장 좋은 방법은 나의 조사 속도를 조정하는 것이다. 너무 빨리 위협적인 질문을 제기한다든가 아니면 너무 빨리 변화를 제안할 경우에, 나는 나의 목표를 해칠 가능성이 있다.

● **공모.** 가족들은 종종 속기 쉽고, 상담자가 중요한 피상담자에 관해 하는 모든 말을 믿을 수 있다.

다음과 같은 아동 학대의 경우를 살펴 보자. 한 치료사가 4살짜리 아이가 해부학적으로 실제 사람과 꼭 같은 인형들을 가지고 노는 모습을 보았다. 그 여자 아이는 사람들이 어떻게 성교를 하는가를 확실히 알고 있음이 분명했다. 그는 그 아이가 자기 아버지와 성교를 했음에 틀림 없다고 생각했다. 아니면 그 아이가 어떻게 그것을 알 수 있었겠는가?

그가 이 사실을 가족에게 알렸을 때, 모든 사람들은 그 말이 사리에 닿는다고 생각하고, 그 아버지가 죄를 지었다고 결론을 내렸다.

재판이 벌어진 후에야 비로소 그 아버지가 포르노 가게를 소유하고 있었으며, 자주 집에 포르노 영화를 가지고 왔다는 사실이 밝혀졌다. 분명한 것은 그 여자 아이가 우연히 몇 편의 영화를 보았다는 것이다. 포르노 영화에 노출 되는 것이 일종의 학대일 수는 있지만, 그것은 근친상간과는 전혀 다른 것이다.

나는 가족들이 우연히 어떤 문제에 대해 동의한다는 이유로 그 가족의 진단이 옳다고 생각해서는 안된다.

냉정함을 유지하라

가정들은 복잡한 체계들이다. 그러므로 주의를 기울이지 않을 경우에, 나는 그 복잡함이 나를 성가시게 하고, 불안하고 긴장하게 만들도록 허락할 수 있다. 그것은 내게 해를 끼칠 뿐 아니라 나의 상담을 방해한다. 사태(事態)란 너무도 쉽게 손에서 벗어날 수 있는 것이다. 종종 가족이 싸움을 시작한다. 누군가가 컵을 내던지면서 이렇게 말한다. “난 집을 나갈거야." 결혼 상담으로 나를 찾아 오는 어떤 커플들은 나를 자기들이 싸우는 것을 지켜 보는 관중처럼 생각하는 것 같다.

그런 상황 하에서, 나는 사태를 지나치게 통제하고 싶지 않다. 만일 여러분이 말을 타고 있는데 그 말이 속력을 낸다면, 여러분은 그 말의 속도를 떨어뜨리는 데 그다지 힘을 쓰지 않아도 된다. 그러나 여섯 마리의 말을 몰고 가고 있는데 한 마리가 대열을 벗어날 경우에는 그 말을 과도하게 바로 잡고자 하는 유혹을 받게 된다. 그리고 그렇게 하는 것은 더 많은 문제를 초래할 뿐이다.

만일 온 가족이 아버지의 독단적인 행동을 비난하기 시작하고, 그 아버지가 그들의 비판에 부담을 느끼기 시작한다면, 나는 그 아버지를 위로하고자 하는 유혹을 받게 된다. 만일 반항하는 십대가 자기 어머니를 공격하기 시작한다면, 나는 좋지 않은 태도 때문에 그를 꾸짖고 싶어하게 될 것이다. 만일 내가 이런 사람들만을 상담해야 한다면, 나는 공감을 하면서도 중립적인 입장을 유지하기가 더 쉬울 것이다.

나는 지나치게 행동하고 통제하고자 하는 경향을 다루는 최선의 방법이 가능한 한 한 번에 한 사람씩 만나 상담하는 것이라는 사실을 발견했다. 나는 가정의 문제들을 작은 단위들로 나눈다. 그리고 각 사람을 개인적으로 만나는 것이다.

그러므로 가정을 상담하는 것이 반드시 온 가족을 함께 상담하는 것을 의미하지는 않는다. 그렇게 하는 것이 필수적일 수도 있다. 하지만 나는 어떤 가정 내에 어떤 일이 일어나고 있는지를 알기 위해 각 구성원들과 충분한 시간을 보낸 다음에 비로소 그렇게 한다.

가족으로 하여금 참여하게 하라

물론 위의 모든 제안들은 가족 중의 한 사람 또는 두 사람의 구성원이 상담 과정의 일부가 되기로 동의한 것을 가정한다. 많은 경우에, 그것은 중대한 전제이다. 하지만 많은 기술이 나의 상담의 범위를 확대시키는 데 사용될 수 있다.

 ● **피상담자를 준비시키라.** 우선 나는 내가 상담하는 사람을 준비시킨다. 만일 내가 어떤 아내를 상담하고 있다면, 나는 그녀의 남편을 만날 필요가 있다고 생각하고 이렇게 말할 수 있다. "당신의 남편과 대화할 준비가 되었다고 생각합니다. 하지만 그렇게 하기 전에, 당신은 우리가 또 한 사람의 관점을 포함시키는 순간에 당신의 문제가 약간 바뀔 수 있다는 사실을 깨달으셔야 합니다. 당신이 그 문제의 원인이 될 있다는 사실을 발견할 준비를 갖추고 계십니까? 더 큰 진실을 발견할 준비가 되어 있습니까?"

 사실상, 많은 피상담자들이 다른 사람들을 끌어들일 준비를 갖추고 있지 못하다. 내가 상담한 한 여자가 내게 이렇게 말했다. "안됩니다. 싫습니다. 저는 제 남편이 개입되는 것을 원치 않습니다. 저는 제가 얼마나 나쁜 사람인지 듣기를 원치 않습니다. 당신이 제 문제를 해결해 주시기를 바랍니다."

 어떤 사람들은 발견되는 것을 싫어한다. 그것은 그 사람이 희생자가 아니라 제 삼자와 맞서는 그 치료사와 협력하는 사람일 때 특히 그렇다.

 따라서 나는 우선 다른 사람들을 포함시키기 전에 우선 그 피상담자의 허락을 얻어야 하는 것이다.

 ● **협력하라.** 내가 가족의 또 다른 구성원에게 접근할 때, 나는 내가 상담하고 있는 사람과 협력하려고 애쓴다.

 16살 난 딸의 문제 때문에 마음이 산란한 한 어머니가 나를 찾아 왔다. 그 가족은 부유한 가족이었다. 그런데 그 딸이 운전을 할 때마다 차 사고를 냈다. 부모들이 그녀에게 차를 사주면 그녀가 두 달 안에 사고를 내곤 했던 것이다. 그러면 그들은 새 차를 사주곤 했다. 그 어머니는 시간이 갈수록 더 화가 났다.

 내가 그 딸과 대화를 나눠야 한다는 것은 분명한 사실이었다. 그래서 나는 그녀에게 전화를 걸어 이렇게 말했다. "네 어머니가 두어 주 정도 나를 만나셨단다. 어머니에게 무슨 일이 일어나고 있는지 확실히 이해할 수 있으려면 도움이 필요하단다. 나를 찾아 와서 네 생각을 말해 줄 수 있겠니?"

그녀는 이렇게 대답했다. "좋아요, 저는 어머니가 최근에 화가 나신 사실을 알고 있어요. 요즘 어떤 일이 일어났는지 말씀드릴 수 있을거예요."

나는 이런 식으로 그 딸과 관계를 맺었으며, 우리는 그 어머니를 이해한다는 공동의 대의를 소유하게 되었다.

이제 그 딸은 가정에서 일어나고 있는 그 문제에 있어서의 자기의 역할을 발견해야 했다. 하지만 그것은 내가 그녀와 서로 신뢰하는 관계를 형성한 다음에야 가능했다.

 • **두려움을 적절하게 사용하라.** 피상담자의 문제가 심각하고 가족의 구성원들이 상담받기를 거부할 때, 나는 그 상황 하에서 실제적인 두려움을 근거로 상담을 전개할 것이다.

만일 내가 심각한 우울증에 걸린 아내를 상담하고 있다면, 나는 찾아오기를 꺼려하는 남편에게 이렇게 말할 것이다. "당신의 아내에게 정말로 관심을 가지고 있습니다. 그녀가 가장 나쁜 결정을 내리는 경우에 어떻게 해야 할지에 관해서 분명한 방향을 제시해 줄 사람이 제게 필요합니다. 그리고 저는 그녀가 수면제를 복용하거나 집 주위에 권총을 휴대하고 있다면, 당신이 제게 찾아 와서 저를 도와 주셨으면 합니다."

나는 과장하거나 거짓말을 하지는 않을 것이다. 나는 사람들을 속여서 내 사무실로 끌어들이고 싶지 않다. 그러나 만일 어떤 상황이 위험을 안고 있다면－위협을 받고 있는 관계로부터 자살의 가능성에 이르는－나는 다른 사람을 만나는 것이 불가능한 것처럼 보일 때, 그 사실을 이야기할 것이다.

그러나 내가 어떻게 접근하든 간에, 어떤 사람들은 참여하지 않을 것이다. 그런 경우에, 나는 피상담자들과 함께 최선을 다해서 문제를 해결하고자 할 것이다.

장기간의 기대들

이 장의 서두에 언급한 마조리와 그녀의 가족은 점차적으로 다시 결합되었다. 그들은 다른 사람들과 관계를 가지는 방법을 재구성하기 시작했으며 이제는 새로운 삶을 찾았다. 그녀의 남편은 기독교 단체를 위해 일하게 되었으며 그들의 딸은 그들의 삶의 중심이 되었다.

그러한 가족들을 상담하는 것은 지극히 만족스러운 일이다. 그러나 그 문제들이 몇 달 또는 몇 년 안에 해결될 수 있다고 현실적으로 기대할 수 없는 경우들도 종종 있다.

가족들은 변화를 거부한다. 그들은 매우 느리게 변화한다. 따라서 어떤 경우에, 나는 다음 세대가 가정 상담이 최대의 영향력을 발휘할 대상이 될 것으로 기대한다.

나는 아버지가 성장 배경 때문에 자기 아내에게 권력을 휘두르는 한 가족을 상담한 적이 있다. 그 남자의 아버지는 아내를 존중한 적이 한 번도 없을 뿐 아니라 그녀를 난폭하게 다루었다. 이 남자는 결혼 생활 내내 그 패턴을 답습하고 있었다.

나는 그의 아내에게 그에게 더 잘 반응하는 방법을 가르쳐 주었다. 그리고 그 남자가 다르게 행동할 수 있는 방법을 몇 가지 제안했다. 그러나 나는 또한 그 남자가 이러한 경향을 전적으로 벗어나지는 못하리라는 사실도 알고 있었다.

따라서 나의 다음 목표는 그 커플로 하여금 자녀들에게 이런 행동이 부당한 것이며 아버지가 변화되도록 애쓰고 있다는 사실을 인정하도록 돕는 것이었다. 나는 또한 그들이 자녀들에게 자기들이 성장할 때와 다르게 사는 법을 가르치도록 격려했다. 그런 식으로, 그들은 아버지의 세대에 그 문제를 단절하는 좋은 기회를 갖게 되는 것이다.

어떤 경우든 간에, 가족의 체계가 아무리 다루기 어렵다 하더라도, 결정론이 지배하지는 않는다. 목사들은 차이를 낳을 수 있다. 인내하고 성령을 의지함으로써 개인들이 변화될 수 있을 뿐 아니라 온 가족이 변화될 수 있는 것이다. 다음 세대에 이르러서라도 말이다.

3부

상담이 초래하는 문제들

나는 마치 모든 위기 상황이 주요한 수리 작업을 요구하기나 한 것처럼 반응하지 않는다. 기름 한 방울이 기적을 이루어 낼 수 있다.

―게리 걸브랜슨

제 10장
적응하라

어느 주일 아침 5시 30분에 전화 벨 소리가 나를 깨웠다. 내가 한 동안 상담해 온 한 여자가 눈물을 흘리면서, 25마일 쯤 떨어져 있는 시카고 빌링스 병원(Billings Hospital in Chicago)에 함께 가서 자기 여동생과 그 남편을 돌봐 달라고 요청했다. 그들의 두 살 난 아들이 지난 밤에 욕조에 있었는데, 그의 어머니가 방 밖에 있는 동안 발육이 느린 여덟 살 난 딸이 욕조 안에 들어가 그 아들을 깔고 앉았다. 어머니가 돌아왔을 때 그 아이는 혼수상태였다.

내가 전화를 받았을 때, 그 아이는 죽을 것처럼 보였다. 주일 예배가 있었기 때문에 나는 이렇게 말했다. "분명히 그들을 보러 갈 겁니다. 하지만 오늘 스케줄에 맞춰 그렇게 할 수 있는지 보아야겠습니다."

그녀는 이렇게 내 말을 끊었다. "목사님. 아기가 죽을 것 같아요. 그들에게는 지금 당장 목사님이 필요합니다."

"알았습니다. 바로 그곳에 가지요."

나는 여섯시에 한 장로에게 전화를 걸어 9시 45 분에 있는 성경 공부를 가르쳐 달라고 요청했다. 나는 그에게 11시 예배까지 교회로 돌아갈 것 같다고 말했다. 그리고나서 나는 차에 올라탔다.

그 여자가 옳았다. 그 아이는 죽었다. 그리고 그 가족은 목사의 돌봄을 절실히 필요로 하고 있었다. 나는 그들과 몇 시간을 함께 보내고나서 아침 예배 설교 시간에 맞춰 교회로 돌아갔다가 다시 병원으로 돌아 왔다.

나는 이 문제를 다르게 다룰 수도 있었다. 나는 그 날 아침 전화를 받았을 때, 나의 피상담자에게 병원 원목을 접촉해 보라고 말할 수도 있었다. 그러나 나는 그녀를 상담하는 동안 그녀가 과거의 권위적인 인물들 (authority figures)에게 속은 나머지 그들을 불신한다는 사실을 알고 있었다. 나는 목사를 의지해야 할 그녀의 필요가 성경 공부 반을 가르치는 책임보다 더 중요하다고 결정을 내렸던 것이다.

나는 정기적으로 비슷한 상황에 처하게 된다. 목사의 돌봄을 필요로 하는 부르짖음과 목사로서의 의무를 저울질해야 하는 상황 말이다.

목사들은 종종 책임들을 놓고 갈등하게 된다. 누가 나의 제한된 시간과 에너지를 손에 넣을 것인가?

나는 이 문제에 대한 분명한 답이 없음을 발견해 왔다. 그러나 나는 내게 주어지는 요구들을 더 잘 조화시키기 위해서 몇 가지 일을 할 수 있다.

세 가지 형태의 돌봄을 관장하라

사람들과 요구들이 모든 측면에서 나를 압박할 때, 나는 종종 마치 내가 내 계획을 제대로 관장하고 있지 못하다는 느낌을 가지게 된다. 그러나 나는 통제력을 소유하고 있으며, 그 통제력은 다양한 정도로 제공되는 돌봄의 형태에 의존한다.

1. 계획된 돌봄. 나는 한 주의 앞 부분에 상담을 한다. 나는 월요일을 쉰 다음에 감정적으로 재충전이 된다. 그리고 주일이 멀찌감치 떨어져 있기 때문에 절정에 달한 정력과 집중력을 감정적으로 부담이 많은 상담 사역에 헌신할 수 있다. 나는 화요일과 수요일 아침과 저녁 — 낮에는 연구를 한다 — 에 상담 시간을 배치한다.

나는 이런 형태의 계획을 따를 때 가장 시간을 잘 관리할 수 있다. 그 상황이 위기 상황이 아닌 한, 나는 사람들에게 내 비서에게 전화하라고 요청한다. 그러면 그 비서는 여유가 있는 한 가장 빠른 날짜로 오십 분 동안의 상담 약속을 정해 주는 것이다.

주일 예배가 마친 후에 뒷 문에서, 나는 화가 난 듯이 보이는 한 남자에게 "무엇을 도와 드릴까요?"라고 물었다.

그는 "목사님과 대화를 나누고 싶습니다"라고 말했다.

나는 성도들과 인사를 다 마치고난지 몇 분 후에 그와 함께 내 사무실로 갔다. 그는 직업 때문에 엄청난 스트레스를 받고 있었다. 그래서 그 날 아침에 그와 그의 아내가 그의 직업 문제를 놓고 크게 싸웠다는 것이었다.

우리는 간략하게 이야기를 나누었다. 그리고나서 내가 이렇게 말했다. "빌(Bill), 당신이 겪고 있는 일을 이해할 수 있도록 오늘 아침 시간을 가질 수 있었던 것을 기쁘게 생각합니다. 제가 당신을 도와 드릴 수 있을 것이라고 생각합니다. 정말 당신에게 도움이 될 수 있다고 생각합니다. 그 문제를 다룰 수 있도록 화요일에 시간을 내겠습니다. 내일 제 비서에게 전화를 걸어 주신다면, 우리가 함께 이 문제를 해결하게 될 겁니다."

그는 결국 시간 약속을 하지 않았다.

그와 그의 아내는 그들 스스로 그 문제를 해결하였다.

2. 잡담을 통한 돌봄. 이것은 돌아다니면서 잡담을 나눔으로써 상담하는 것을 의미한다. 그것은 계획을 세워야 할지도 모를 많은 약속을 미연에 피할 수 있게 해 준다.

나는 교회 예배 전과 후에, 교회에서 주 중에 갖가지 모임이 열리는 날 복도에서, 그리고 전화를 통해서 잡담을 통한 돌봄을 제공한다.

우리 교회의 나이든 부인들이 한 달에 몇 차례 점심 식사를 하기 위해 모일 때 나도 참가한다. 이것은 내가 그들을 귀빈으로 생각함을 보여 준다. 나이든 사람들의 많은 문제가 아무도 돌봐 주지 않는다는 느낌 때문에 일어난다.

우리 교회는 젊은 세대로 대부분 이루어져 있으며, 그들은 내가 많은 가정 문제들과 씨름하고 있음을 알고 있다. 만일 내가 이런 점심 식사 시간 같은 시간에 자리를 함께 하지 않는다면, 어떤 사람들은 나의 주목을 끌려고 압력을 가하고 있다고 느끼게 될 것이다.

교회 예배 후에 잡담을 통해 사람들을 돌보는 것은 사람들에게 내가 그들의 존재를 주목하고 있다는 사실을 알게 해 준다. 그것은 이름을 부르거나 물어 보는 것, 눈길을 주면서 악수를 하는 것, 그리고 종종 신중하면서도 날카로운 질문을 던지는 것을 의미한다.

잡담을 통해서 사람들을 돌보는 것은 효과적인 양육의 구실을 한다. 나는 프라이버시를 손상시키지 않은 채로 이렇게 물을 수 있다. "저는 당신의 상황을 잊은 적이 없습니다. 모든 문제가 해결되었습니까? 제가 당신을 위해서 여전히 기도하고 있음을 알아 주셨으면 합니다." 나는 주일 아침 여러 사람을 대하는 중에 내가 그들의 필요를 알고 있으며 여전히 관심을 가지고 있다는 사실을 전달하는 것이다.

3. 위기 상황의 돌봄. 어느 이른 아침 장로 회의를 하는 중에 전화 벨이 울렸다. 집을 사는 문제에 대해서 내가 충고를 해 왔던 한 여자가 자금 조달이 실패할지도 모른다는 사실을 알고는 겁을 집어먹었던 것이다. 나는 그녀에게 이렇게 말했다. "지금 당장은 이야기를 나눌 수 없습니다.

하지만 다시 전화를 드리겠습니다." 그것이 그녀를 만족시켰다.

그것은 장로 회의에서 나를 불러낼 만큼 위급한 상황은 아니었지만, 어떤 반응을 나타낼 만한 상황이었다. 나는 우리 모두가 우리 자신의 필요들을 결코 사소하게 보지 않는다는 사실을 발견해 왔다. 언제나 그 필요들을 심각하게 보는 것이다. 우리는 당연히 신속한 돌봄을 원하는 것이다.

따라서 나는 내 비서에게 전화를 건 사람들이 위기에 처한 것이 분명한 경우에만 전화를 연결해 달라고 부탁해 왔다. 하지만 나는 마치 모든 위기 상황이 주요한 수리 작업을 요구하기나 하는 것처럼 반응하지 않는다. 한 방울의 기름이 기적을 초래할 수 있다.

신뢰의 테스트를 다루는 법

신뢰의 테스트는 나의 다른 의무들과 상담의 의무의 균형을 유지하는 문제를 악화시킨다. 서로 믿기 힘든 사회 내에 사는 사람들은 서서히 신뢰 관계를 수립한다. 교회에서조차, 사람들은 목사를 믿을 수 있다고 확신하지 않는다. 그래서 종종 그들이 우리 목사들을 의식적으로든, 무의식적으로든 테스트하는 것이다.

가장 보편적인 테스트가 상담 중에 일어난다. 일반적으로 피상담자들은 처음 상담 중에 자기들의 가장 깊은 욕구들을 털어 놓지 않는다. 그 대신에 그들은 내가 어떻게 반응하는가를 보기 위해서 우선 테스트를 하고 보는 것이다. 내가 그 테스트를 통과할 경우에, 그들은 더 어려운 테스트를 내게 부과한다.

대개 테스트들은 완곡하게 진술된다. 나는 결혼 생활의 다양한 문제에 관해서 한 여자를 상담하고 있었다. 그런데 어느날 그녀가 이렇게 말했다. "제 남편이 하고 있는 일을 누군가가 만나서 막아야 해요."

나는 그녀가 사실은 이런 말을 하고 있다는 사실을 알 수 있을 정도로 그녀를 잘 알고 있었다. "목사님, 목사님이 제 남편을 만나실 필요가 있다고 생각합니다. 장로나 그밖의 사람을 보내는 대신에 목사님 자신이 남편을 찾아 가실 정도로 나의 결혼과 가정에서 일어나고 있는 일에 충분히 관심을 갖고 계신지를 알고 싶습니다."

나는 교묘한 신호에 민감해지는 법을 배워 왔다. 종종 신뢰의 테스트가 나의 집에 걸려 오는 전화를 통해서 임한다. 구체적인 정보를 요구하는 그 전화는 사실상 나를 만날 수 있는가를 시험하는 것이다. '제가 그분을 정말로 필요로 한다면 통화를 할 수 있을까요?' 사람들은 대개 우리에게 자신을 맡기지 않는다. 그들은 안전한 거리를 두고, 자신의 문제를 숨기거나, 다른 교회로 가는 것이다.

신뢰의 테스트를 통과하기 위해서, 나는 반드시 내게 요구되는 일을 할 필요가 없다. 그러나 어쨌든 나는 요구되는 일을 하지 않기를 선택한다 하더라도, 내가 믿을 만한 사람이라는 사실을 분명히 전달하기 위해서 내가 테스트를 받고 있다는 사실을 의식할 수 있기를 바란다. "저 역시 당신의 남편의 행동에 관해서 관심을 가지고 있습니다. 하지만 저는 당신이 제안하시는 대로 당신의 결혼에 개입할 경우에 이익보다는 손해를 초래하리라는 사실을 발견했습니다. 당신의 남편을 다룰 수 있는 또 다른 방법이 없을까요?"

어떤 테스트들은 통과하고 싶은 생각이 들지 않는다. 얼마 후에, 목사들은 누군가가 단지 교묘히 그들의 주목을 끌기 위해 애쓰고 있는 때가 언제인지를 지각할 수 있게 된다. 사실상, 그런 사람들을 상대할 경우에는 테스트를 통과하지 않는 편이 낫다. 비록 그렇게 속임수를 쓰는 자들을 상대할 때에는 테스트해야 할 것이 신뢰의 테스트라기보다는 누가 주도권을 잡고 있는가를 보는 것이라 하더라도 말이다. 그런 사람들을 상대할 때, 나는 그들의 모든 요구에 응함으로써 이익보다는 손해를 끼치게 된다.

신뢰의 테스트들이 너무나 중요하기 때문에 나는 그 테스트에 실패한 경우들을 다루는 법을 배워 왔다. 만일 누군가가 나의 상담에 실망하거나 기대가 어긋났다고 생각한다면, 나는 그 상처가 곪아터지기 전에 가능한 한 빨리 그 문제를 해결한다.

주일 아침 예배가 시작 되기 3분 전에, 교회 성도 한 사람이 복도에서 내게 다가 왔다. 그녀는 곤란한 처지에 놓여 있었다. 그녀는 이렇게 말했다. "제 큰 아들이 에이즈에 걸린 사실을 알게 되었어요." 그 아들은 병원에 있었다. 그녀는 그곳에 머물고 싶어했다. 그녀는 내게 아들을 찾아가 만나 줄 것을 요청하지는 않았다. 하지만 그녀는 그 병원의 위치를 말해 주었다. 그녀는 내게 기도 이상을 기대한다는 정보를 제공하고 있었던 것이다.

예배 후에 나는 다시 그녀와 대화를 나누고 그를 방문하기로 약속했다. 나는 월요일 날에 병원으로 그에게 전화를 걸었다. 그것은 갑자기 그를 방문함으로써 그의 방어적인 자세를 부추기지 않기 위함이었다. 내가 그를 찾아 갔을 때, 그는 마침 퇴원을 하는 중이었다.

화요일 밤에 잔뜩 화가 난 그의 어머니가 가정 성경 공부가 열리는 집에 가서는 그 그룹에게 이렇게 말했다. "목사님은 내 아들을 방문하시겠다고 약속을 해놓고도 지키시지 않았어요. 이 교회는 내가 도움을 필요로 할 때 도움을 주지 않았어요."

그 사실을 들은 나는 그녀가 일하는 직장으로 전화를 걸었다. 나는 그녀에게 그녀가 내게 실망을 느낀 것을 이해한다고 말하고나서 이렇게 말했다. "제가 당신에게 어떤 일을 하겠다고 말하고 나서 하지 않은 적이 있습니까?"

"아니오"라고 그녀가 대답했다.

"제가 당신의 기대를 충족시켜 드리지는 못했을지 모르지만, 저는 분명히 아드님을 방문했습니다. 그리고 저는 주말에 그의 직장에서 그를 만나기로 약속했습니다."

그녀는 이렇게 사과했다. "저는 전반적인 상황에 대해서 화가 나 있었어요. 제가 한 말은 정당하지 못합니다. 사과드립니다."

신뢰의 문제를 인식한 후에, 우리의 다른 의무들과 상담의 의무 간의 균형 유지를 시작할 수 있는 몇 가지 방법이 있다.

피상담자들로 하여금 도움을 베풀게 하라

상담은 외로운 일처럼 느껴질 수 있다. 내가 나의 스케줄을 통제해야 하는 유일한 사람일 경우에 특히 그렇다. 그러나 나는 여러 해 동안에 걸쳐서 약간의 도움을 얻어 왔다. 나는 나를 찾는 사람들 대부분이 내가 그들을 동료로 규합할 경우에 나의 계획을 세우는 데 도움을 줄 수 있다는 사실을 발견해 왔다.

상담에 친숙하지 않은 사람들에게 나는 약간의 교육을 한다. 예를 들어, 나는 이렇게 말한다. "우리는 매주 사십 오 분씩 만나게 됩니다. 이 문제를 다루기 위해서 네 번의 상담이 필요합니다. 그 때까지 문제 해결을 시작하지 못한다면, 우리는 함께 도움을 줄 수 있는 다른 누군가에게 당신을 위임할 것인지의 여부를 결정해야 할 겁니다."

그리고나서 그들은 그러한 한계 설정이 임의적인 규칙들이 아니라 우리가 협력하여 일하는 영역들이라는 사실을 이해한다. 일단 이해를 하고 나면, 그들은 더 빨리 문제 해결에 뛰어들 수 있다.

나는 종종 사람들에게 상담을 하기 전에 계획을 세울 것을 요청한다. 그들은 의제와 개선되기를 바라는 영역들을 기록한다. 그렇게 할 때 그들은 초점을 맞추고, 정신적인 준비를 갖춘 상태에서 보다 철저하게 문제를 다룰 수 있게 된다. 이것은 양 측 모두에게 만족을 준다. 그들이 시간을 낭비하지 않을 것이라는 사실과, 무엇을 기대해야 할지를 알고 있다는 사실을 내가 알기 때문이다.

다른 책임이 개입될 때, 나는 종종 어떤 일이 일어났는가를 설명하고 피상담자들의 도움을 요청한다. 종종 이것은 그 관계의 전체적인 역학을 변화시킨다.

나는 몇 주 동안 한 젊은 여자를 상담한 적이 있다. 그런데 어느 날 그녀가 상담을 받으러 오기 직전에, 임종을 당한 한 가족의 전화를 받게 되었다. 바로 달려갈 필요는 없었지만, 그 전화는 내 마음을 무겁게 만들었다. 사무실에 들어오는 그 젊은 여자가 나를 보고 이렇게 말했다. "목사님, 오늘 표정이 안좋아 보이시는군요."

나는 이렇게 대답했다. "그렇다고 말할 수밖에 없군요. 사랑하는 사람을 잃은 가정으로부터 방금 전화를 받았습니다. 오늘 오후에 그들과 함께 있을 작정입니다. 그들에게 관심을 가지고 있습니다."

그녀는 즉시 이렇게 대답했다. "제 상황은 급한 것이 아니니 기다릴 수 있어요. 가서 그 가족을 만나 보시지요. 제가 도울 일이 있을까요?" 떠나기 전에 그녀는 그 가족과 그들을 위한 나의 사역을 위해 기도해 주었다.

교회에게 상담하는 법을 가르치라

상담하는 생활을 긴장시키는 한 가지 사실이 있다 : 우리가 상담에 더 익숙해질수록, 곤란에 처한 사람들이 우리의 작은 문지방을 더 붐비게 만들 것이다. 사람들이 우리가 믿을 만하며, 자기들을 돌봐 줄 수 있는 사람들임을 더 잘 알수록, 더 많은 사람들이 문제들을 쏟아 놓을 것이다.

나는 나를 방문하는 상처 입은 사람들이 내게 맡겨진 책임이라고 생각한다. 그러나 모세가 이드로에게서 배운 것처럼, 내 책임은 모든 사람을 상담하는 것이 아니라 모든 사람에게 상담이 이루어졌는가를 분명히 하는 것이다. 내가 사역하는 교회가 이 원칙을 이해하고 있기 때문에, 우리는 그 일을 여러 사람에게 맡기는 방법을 찾고 있다.

예를 들어, 우리는 사람들이 한 달 동안 매주 모여서 특별한 문제(아동 학대, 식생활의 혼란, 알콜 중독, 등의)에 관해 배우는 화요일 밤의 관심 서클(a Tuesday night Circle of Concern)을 제공한다. 우리는 또한 이러한 모임들을 통해서 조직적으로 돕는 기술들을 가르친다.

또한 우리는 시험을 거친 지원 부서들과 우리가 정기적으로 사람들을 위임하는 상담자들을 공동체 내에 발전시켜 왔다.

그에 덧붙여서, 우리는 평신도 상담자들을 훈련시키고 상담의 재능을 가진 직원에게 투자한다. 최근에 우리는 고등학생과 대학생, 그리고 많은 독신자들을 위한 사역을 시작할 수 있도록, 우리 교회의 청년부 목사와 그의 아내가 정식 교육을 받는 데 드는 비용을 지불했다.

설교는 사람들에게 상담 사역을 구비시켜 주는 핵심적인 시간이다. 나는 내 설교들이 고통 중에 있는 사람들 뿐 아니라 그런 사람들에게 도움을 베풀게 될 사람들에게 유익한 것이 되도록 준비한다. 나의 설교들은 종종 각 항목마다의 적용을 포함한다. "여러분이 우울증에 빠질 때 해야 할 다섯 가지 일이 있습니다. 재정적인 문제에서 벗어나는 여섯 가지 단계가 있습니다." 나는 청중들에게 그 내용을 적어서 다른 사람들과 함께 나누도록 격려한다.

예를 들어, 공휴일을 앞둔 주일에 나는 강단에서 이렇게 말할 것이다. "사람들은 특별한 공휴일을 맞을 때 기쁨을 찾을 수 있을 것이라고 기대합니다. 그러나 공휴일들은 그들로 하여금 낙심을 벗어나게 해 주는 대신에, 종종 사태를 악화시킵니다. 사실 저는 공휴일 동안에 상담의 부담을 더 지게 됩니다. 그러나 한 해의 이런 시기에 여러분이 다른 사람들을 격려하기 위해 할 수 있는 일들이 있습니다." 그리고나서 나는 도울 수 있는 방법들을 열거한다.

건전한 태도들을 유지하라

내가 바쁜 나의 사역에 대해 나쁜 태도를 품고 있는 한, 계획을 세우고, 시간표를 짜고, 책임을 위임하는 것은 일의 부담을 다루는 데 도움을 주지 못할 것이다. 그러한 정기적인 유혹을 물리치기 위해서, 나는 다음과 같은 세 가지 특질을 양육하기를 배워 왔다.

● **용서.** 이혼의 상처를 벗어날 수 있도록 내가 도움을 주었던 한 젊은 남자가 그 일을 고맙게 생각하고 있었다. 불행하게도 그는 너무나 그 일

을 고맙게 여긴 나머지 내게 가능한 정도 이상의 사회적인 교제를 나누기를 원했다. 그는 내게 알리지도 않은 채로 나를 자신의 생명 보험의 수혜자로 삼기도 하였다. 마침내 그러한 우호 관계가 불가능하다는 사실을 발견했을 때, 그는 깊이 실망하고 교회에 출석하기를 그쳤다. 나는 이 모든 사실을 그의 친구이자 나의 친구이기도 한 사람을 통해서 발견하였다.

그 소식은 나를 약간 화나게 만들었다. 나는 사람들을 실망시키기를 원치 않는다. 나는 이 문제의 징조를 포착하지 못한 나 자신에게 화가 났다. 나의 지나치게 많은 스케줄에 화가 났다. 그리고 그가 기대한 일들에 화가 났다.

사람들의 기대가 종종 불합리하다 할지라도, 나는 그 기대를 충족시키지 못할 때 여전히 괴로움을 당한다. 나는 수퍼맨이지 못한 나 자신을 용서하는 법을 배워 왔다. 그럼에도 불구하고 종종 나는 불합리한 것들을 기대하는 사람들을 미워하게 된다. 나는 그런 사람들을 용서하는 법 역시 배워 왔다.

내가 상담했던 한 커플이 내게 이런 글을 새긴 대리석 조각을 선물했다. "행복한 결혼은 두 사람의 훌륭한 용서자들의 연합입니다." 용서는 적절하게 균형잡힌 목사들에게도 중요하다.

●**융통성.** 목사는 일반 개업의(a general practitioner)이다. 나는 설교 준비, 혼전(婚前) 상담, 회의 참석, 장례식 집도 등으로 바쁘게 움직인다. 기어를 쉽게 바꿀 수 없다면, 나는 문제에 빠지게 될 것이다.

종종 나는 밤 중에 상담을 하기 위해서 일찍 사무실을 떠나 딸 아이를 학교에서 차로 데려 오고, 그 딸과 그밖의 가족과 함께 시간을 보낸다. 나는 저녁 시간에 가족이나 다른 사람들과 시간을 가질 수 있도록 대부분의 장로 모임을 아침 일찍 열도록 계획한다.

●**창조성.** 약혼한 커플들을 둘씩 둘씩 상담하기보다는, 나는 토요일 아침에 만나는 혼전 상담 그룹에서 함께 만나도록 계획한다. 그것이 내

가 말하는 창조성 ─ 오래 된 문제를 새로운 방법으로 접근하는 것 ─ 이다.

또 다른 예를 들어 보자. 나는 독신자들에게 모범적인 가정 생활을 제시하고 싶었다. 또한 그들의 상담 필요들을 충족시켜 주고 싶었다. 그래서 나의 아내와 나는 거의 일년 동안 우리 가정에서 매주 저녁 성경 공부를 열었다. 일부는 아이를 둔 독신자 부모들이 그 기간 동안 우리 집에 모인 것은 나의 가족이 함께 자리하고 있는 동안 그들을 돌볼 수 있게 해 주었다.

균형을 유지해야 하는 때가 임할 때, 상담 목사들은 축구의 하프 백과 같다. 하프 백이 사이드 라인을 따라 볼을 몰고 갈 때 상대편 선수가 태클을 해서 그를 밖으로 밀어내려 한다. 그러나 몸이 기울어진 하프 백은 균형을 잃고 선 밖으로 나가기 전에 몇 발자국 뛰어가면서 균형을 잡을 수 있다.

그와 마찬가지로, 나는 사역을 하는 중에 균형을 잃은 채로 한 동안 달려갈 수 있다. 그러나 결국 나는 다시 중심을 되찾게 될 것이다.

나의 목표는 균형을 유지해서 어려움에 처한 사람들을 상담하는 나의 사역을 유지할 수 있는 것이다. 나는 운동장 밖으로 밀려나갈 정도로 지나치게 달음박질하지는 않을 것이다. 균형잡힌 사역은 전진하는 사역이 될 것이다.

성적인 반응은 근본적으로 본능적이다. 우리는 다른 사람들에게 기본
적인 매력을 느끼는 것에 대해서 우려할 필요가 없다. 그 매력을 어떻게
다루느냐가 중요한 것이다.

―아키발트 하트

제11장
전이 : 묶고 있는 끈을 풀라

만일 당신이 사랑에 굶주려 있다면, 학식 있고, 매너 좋고, 세심하면서
도 이야기를 잘 들어 주는 사람, 공동체 내에서 존경받는 사람, 훌륭한
직업을 가지고 있는 사람, 그러면서도 비이기적이고, 기꺼이 자유롭게
당신과 둘이서만 시간을 보내 줄 사람을 발견하는 것이 근사한 일이 아
니겠는가?

수많은 피상담자들이 그렇게 생각한다. 그들은 교회 사무실에 와서 오
랜 만에 만나게 된 가장 친절하고, 가장 잘 받아 주고, 훌륭하고, 점잖고,
현명한 사람과 함께 있는 자기들의 모습을 발견하게 되는 것이다. 그들

은 점차적으로 자기들의 문제를 해결하는 것이 목사가 하는 말이라기 보다는 목사 자신이라고 생각하게 된다.

나는 내가 가르치는 목회학 박사 강의 시간에 기술적으로 "전이"(피상담자가 충족되지 않은 감정과 욕구들, 다른 곳에 속한 감정과 욕구들을 상담 관계에 투사하는 것)로 알려져 있는 이러한 위험에 관해 이야기한다. 각 학기마다 학생들은 그 과정이 그들이 처한 상황과 어떻게 연관되었는 지에 대한 보고서를 제출하게 된다. 항상 전체 학생 중에서 20%에서 25%에 이르는 학생이 전이를 자기들이 목회 과정에서 직면하게 되는 문제로 보고하고 있다.

그 보다 더 고통스러운 결과인 역전이(countertransference)는 상담자가 충족되지 않은 감정과 욕구들을 어떤 대상에게 투사할 때 일어난다.

문 제

나는 시작부터 목사와 교회 성도 간의 친밀하지만 부적절한 관계가 언제나 육체적인 섹스를 포함하는 것은 아니라는 사실을 강조하고자 한다. 비록 그러한 관계가 성적인 관계로 발전할 잠재력을 가지고 있기는 하지만, 그 관계는 오랫동안 감정적으로 좋아하는 것으로 남아 있을 수 있다 (이것은 특히 여자 목사들에게 해당된다).

한 남자 목사가 다음과 같은 내용을 담은 편지를 보내 왔다. "저는 외로웠습니다. 저는 제 아내와 대화를 나눌 수 없었습니다. 아내는 제 감정을 이해하지 못합니다. 아내가 대화하고 싶어하는 유일한 화제는 자녀들과 자기 어머니에 관한 것뿐입니다. 저는 개념과 생각과 감정들을 탐구하고 싶습니다. 그래서 저는 상담이 끝난 후에 이 다른 여자(여자 목사)와 함께 시간을 보내기 시작했습니다. 그녀는 저를 이해합니다. 저는 저 자신을 그녀와 함께 나눌 수 있습니다. 저는 이 관계가 더 발전되기를 바라지 않습니다. 저는 제 아내를 떠나야 하는가를 결정해야 한다는 사실이 증오스럽습니다.”

그 관계는 그 당시에 감정적인 것이었을 뿐이다. 그러나 그런 관계는 그 상담자가 그 관계를 끝내기 위해서 아무런 조치도 취하지 않을 경우에 더 진전 될 것이다. 모든 성적인 사건들은 이렇게 은근하게 시작되는 것이다.

비록 대부분의 간통이 상담 관계로부터 일어나기는 하지만, 그 중 일부는 목사가 어떤 회의나 계획을 진행하는 중에 누군가와 가깝게 일해야 할 때 시작된다. 최근에 더 많은 젊은 여자들이 교회의 책임을 떠맡고 있기 때문에, 남자 목사들이 여자들과 가깝게 일하고 있다. 그리고 거기서 따뜻하고 다정한 감정들이 일어날 수 있다. 종종 그 관계는 비서 또는 다른 동료와 더불어 발전되기도 한다.

남자 목사들은 전형적으로 젊은 여자들에게 매력이 있다. 물론 목사들이 나이 든 여자들에게도 매력 있는 존재가 되는 것이 드문 일이 아니지만 말이다. 그리고 매력이라는 것이 폭넓은 접촉을 요구하지는 않는다. 강단에서 흘끗 바라보는 것이나 복도에서 마주치는 것, 또는 병원을 방문하는 것 등이 다른 사람에게 매력을 느끼게 하는 도화선이 될 수 있는 것이다.

여자 목사들에 대한 전이 또한 다른 차원을 가질 수 있다. 여자 목사들은 특정한 유형의 남자들의 유혹의 표적이 될 수 있다. 이 남자들은 대개 자신의 남자다움을 입증하려는 욕구가 강하다. 그들은 순진한 여자 목사를 정복할 대상으로 본다. 특히 그녀가 매력적일 경우에 더욱 그렇다. 그녀가 결혼을 했는가의 여부는 문제가 되지 않는다.

여자 목사들은 또한 다른 여자들로부터도 매우 강력한 감정적인 전이를 일으킬 수 있다. 이 여자들은 “특별한” 친구가 되고 싶어한다. 그리고 이러한 전이 중 일부는 그 목사로부터 많은 관심을 요구할 수 있다.

우리는 다른 사람들에게 기본적인 매력을 느끼는 것에 대해서 우려할 필요가 없다. 그것은 인간의 삶의 정상적인 일부이다. 성적인 반응은 근본적으로 본능적이다. 비록 그것이 학습에 크게 영향을 받는다고 하더라도 말이다. 그것은 생물학에 기초하고 있다. 즉 그것은 행동과 감정을 강력하게 통제할 수 있는 호르몬에 근거하고 있는 것이다.

중요한 것은 우리가 그러한 매력을 어떻게 다루느냐는 것이다. 우리가 그것에 굴복하는가, 부인하거나 억누르는가(종종 나중에 더 약해지는 입구가 된다), 아니면 정직하고 용감하게 그것을 다루는가의 여부는 우리의 영적인 성숙도뿐 아니라 우리의 자기 이해의 정도와 전문적인 능력에 의해 결정될 것이다.

사도 바울은 이렇게 말하고 있다. "하나님의 뜻은 이것이니 너희의 거룩함이라 곧 음란을 버리고 각각 거룩함과 존귀함으로 자기의 아내 취할 줄을 알고 하나님을 모르는 이방인과 같이 색욕을 좇지 말고"(살전 4 : 3~5).

본질적으로 바울은 우리의 몸을 이해하고 우리의 욕구와 충동을 다루는 법을 알라고 말하고 있다. 매력을 느끼는 많은 경우가 피할 수 없는 상황에서 일어나기 때문에, 종종 일반적인 목사가 이해할 수 없는 욕구로부터 일어나기 때문에, 상담 과정에 대한 더 좋은 훈련이 목회로 인한 재난을 미연에 방지할 수 있다.

전이가 일어나는 곳

나는 교회와 연관된 성적인 사건들의 주요한 근원 중 하나가 상담 관계라고 믿는다. 상담 과정에서 일어나는 전이와 역전이는 통제의 손길에서 벗어나 있다.

지난 이십 년 동안, 사람들을 돕는 이러한 직업들에 있어서 의뢰인들과의 성적인 친밀함의 문제가 상당한 관심을 끌어 왔다. 캘리포니아 주에서는 피상담자가 먼저 유혹을 하고 문제를 일으킨다 할지라도, 정신과 의사가 피상담자와 성적인 관계를 갖는 것이 불법(비윤리적일 뿐 아니라)이다. 정신과 의사들은 이전의 정신과 의사와 성적인 접촉을 가졌다고 보고하는 피상담자들의 모든 사례를 보고해야 한다.

이러한 직업을 가진 사람들은 친밀하고, 인격적인 정신병 치료 관계에 따뜻하고 친밀한 감정들이 반드시 발전된다는 사실을 이의 없이 인정하고 있다. 수술이 피를 산출하는 것처럼, 치료도 "사랑"으로 쉽게 딱지를 붙일 수 있는 친밀함을 산출할 수 있다. 능력 있는 치료사는 이러한 감정들을 치료의 부산물로 인식하고, 그 감정들을 다루는 훈련을 받았다. 상담자 자신의 문제들과 충족되지 않은 욕구들이 상황에 개입되도록 허락되어서는 안된다.

사실, 모든 정신과 의사들이 적절한 훈련을 받는 것은 아니며 자기들이 받는 훈련을 따르는 것도 아니다. 그러나 일부 목사들은 이러한 문제들을 다루는 훈련을 받지 않은 것은 고사하고 그 문제들을 인식조차 못하고 있다. 그들 모두가 도움을 필요로 하고 있다.

목사의 결혼 생활이 부정한 애정 관계를 막아 주는 기본적인 억제책이라 하더라도, 그것이 상담실 내의 안전을 보장하지는 않는다. 그리고 회의나 계획을 위해 함께 일하는 동안 갖게 되는, 보다 모호한 접촉에서 일어나는 사건으로부터 보호해 주는 것도 아니다.

나는 언제나 의심하지 않는 목사들이 항의에도 불구하고, 목사의 유혹당하기 쉬움이 결혼 생활의 행복과 아무 연관이 없다고 믿어 왔다. 연관이 있다고 믿어 의심치 않는 목사들의 항의에도 불구하고 말이다(이 영역 내의 나의 체험은 주로 결혼한 남자 목사들과 더불어 체험한 것이다. 따라서 나는 이 대목에서 남성 대명사를 사용하고 있다). 여러 세기 동안 성경은 우리가 가장 안전하다고 느낄 때 경계를 늦추지 말라고 경고해 왔다. 성적인 매력에 끌리는 것은 한 사람은 결혼 생활이 행복한데 한 사람은 그렇지 않을 경우에 쉽게 일어날 수 있다. 여러분은 행복을 느끼지 못할 때 더 의도적으로 연애 사건을 추구할 수 있다. 그러나 가정 생활이 행복할 때라고 해서 반드시 그렇지 않은 것은 아니다.

영향올 끼치는 요인들

모든 목사들은 다음과 같은 이유들 때문에 연애 사건에 약하다.

● **상담 관계.** 상담은 다른 사람의 감정을 탐구할 수 있는 기회를 제공한다. 상담에 개입되지 않는 사람들은 같은 기회를 얻을 수 없으며, 따라서 진정으로 공감하는 이해가 얼마나 깊은 만족을 주는지를 파악할 수 없다.

나는 의도적으로 이성과의 일대일 상담을 거부하는 일부 목사들을 알고 있다. 그들은 자신들 역시 친밀함을 필요로 하고 있으며 따라서 유혹에 빠지기 쉬움을 알고 있기 때문에 상담의 친밀함을 회피한다. 그런 경우에, 상담을 피하는 것은 분별 있는 결정이다.

● **목사의 이미지.** 목사들은 그들의 역할 때문에 특별히 이성(異性) 성도들에게 매력적일 수 있다. 그들은 사려 깊고, 관심 깊고, 유익하면서도 매력적인, 능력을 가진 사람으로 인식된다. 그들은 그들이 목사가 아닌 상황 하에서는 그들에게 눈길조차 주지 않을 예쁜 여자들을 매혹시킬 수도 있다. 많은 목사들은 자신의 역할에 따르는 이러한 매력을 자신의 매력과 혼동하고 있다.

그들은 또한 안전한 것으로 인식된다. 목사들과 나누는 친밀한 대화는 다른 사람들과 나누는 그런 대화만큼의 죄책감을 일으키지 않는다. 그들은 이렇게 합리화한다. "결국, 목사가 원한다면 그건 그렇게 나쁜 일일 수 없어." 많은 사람들이 목사가 한계를 정할 장소와 때를 알고 있을 것이라고 믿기 때문에 자기들이 목사에게 갖는 따뜻하고, 사랑하는 감정이 발전되도록 허락할 수 있다는 오해에 빠져 있다.

그들은 그러한 한계를 정할 수 없음을 발견하게 될 때 혼란에 빠진다. 다시 말해서, 목사의 역할에서 벗어난 그 목사가 더 이상 매력적인 것처럼 보이지 않게 되는 것이다. 그럴 경우에 자신의 매력의 이유 자체를 파괴한 목사는 갑자기 자기를 고발하는 사람의 얼굴을 대하게 되는 것이다.

●**성적 충동을 부인함.** 우리가 성을 억압하는 하부 문화(a sexually repressive subculture)를 창출하고 있는 것은 거룩함에 이르고자 하는 우리의 기독교적인 열망들이 초래하는 불행한 결과이다. 많은 목사들(그리고 일반적인 그리스도인들)이 자신의 성을 두려워하고 있으며, 엄청난 죄를 범할 가능성을 그 안에서 보고 있다. 비록 그들이 근본적으로 옳다고 하더라도, 성적인 충동을 다루는 더 건전한 방법은 그것을 거리낌없이 용감하게 직면하고 다스리는 것이다.

대부분의 목사들은 가장 높은 윤리적인 의도를 가지고 목사가 된다. 그들은 솔직하고도 영적인 존재가 되기를 갈망한다. 그와 동시에 그들 중 다수가 자신의 성에 대해 당황과 혼란에 빠져 있다. 그것은 그들의 성적인 감정들이 그들의 고귀한 소명과 대치되는 것 같을 때 특히 그러하다. 대부분의 목사들은 성적인 충동의 힘과 침투력을 다른 사람들에게 인정함으로써 자기들의 감정들을 직면하기보다는 그 충동을 억제하고 자신의 성적인 에너지를 일이나 취미 활동으로 돌린다. 다른 목사들은 자신이 다른 여자들에게 성적인 충동을 느낀다는 사실조차를 부인한다.

성적 충동을 억제하고 거부하는 것은 특히 남자 목사들로 하여금 자신이 성적인 유혹으로부터 면역되어 있다는 믿음을 가지도록 인도하며, 그 결과로 그들은 자신의 약함을 더 증가시키게 된다. 그들은 자신이 모든 것을 통제하고 있다고 믿으면서 자기 집에서 홀로 여자들과 상담을 하거나 밤 늦게까지 여자들과 함께 친밀하게 일한다. 결국 궁극적인 사건이 벌어질 때, 모든 사람이 충격을 받는다. 그러나 그들이 이런 영역 내에서 솔직하지 않기 때문에, 그들의 전통적인 역할과 높은 도덕적인 기준이 죄를 향해 나아가는 그들의 발걸음을 부추기는 결과를 초래하는 것이다.

●**가정의 상황.** 행복한 결혼이 안전을 보장해 주는 것은 아니지만, 불행한 결혼이 도움이 되지 않는다는 것은 분명한 사실이다. 한 목사가 이런 내용의 편지를 보내 왔다. "친밀함이 없고 거침 없는 대화가 오가는 저의 결혼 생활을 도저히 감당할 수 없었습니다. 저는 다른 누군가와 더

불어 사랑과 친밀함을 나누기를 갈망했습니다." 그는 계속해서 십 년 동안에 걸쳐 일어난 일곱 번의 연애 사건을 묘사했다.

비록 그처럼 과도한 사랑에 대한 욕구가 신경증적일 수 있기는 하지만, 만일 결혼 생활이 만족스럽다면, 목사는 자신의 신경증적인 욕구의 초점을 배우자에게 맞출 수 있어야 한다. 친밀함에 대한 욕구는 큰 반면에 결혼 생활이 친밀한 나눔을 가질 기회를 제공하지 않을 때, 연애 사건이 쉽게 부추겨질 수 있는 것이다.

● **인생의 시기들.** 특히 남자들이 인생의 중대한 시기를 지날 때 연애 사건에 빠질 위험이 크다는 것은 분명한 사실이다. 이런 시기 중 하나가 보통 중년의 위기라고 불려진다. 그러나 그밖의 중요한 시기들이 있다. 거의 모든 십년의 주기가 가치와 행동의 주요한 수정을 요구하는 나름대로의 위기를 초래하는 것이다.

목사들도 이러한 시기들을 피할 수 없다. 일이 만족스럽지 않거나 교회 내에 문제가 있는 위기의 시기에 그들이 유혹에 빠질 가능성은 더 커진다. 지치거나 사람들과 갈등을 겪을 때, 또는 인생의 중요한 결정을 내려야 할 때, 위로를 받고 감정적으로 친밀한 관계를 갖고 싶은 욕구가 극적으로 늘어나는 것이다.

위험 신호들을 인식하는 법

친밀한 연애 사건이 상담 중에 거의 부지불식 간에 발전될 수 있기 때문에, 역전이의 위험 신호들을 논의하는 것은 지극히 중요한 일이다.

1. **목사가 특별한 교구민과의 상담을 기대하기 시작한다.** 그 목사는 그 약속 시간을 되새기고, 도착하는 시간을 기다릴 수 없다. 그 교구민이 도착할 때 그의 심장 박동 속도가 빨라지고, 손바닥에 땀이 나며, 목소리가 떨리기 시작한다.

2. **목사가 매우 빨리 상담 시간을 늘이고, 여분의 상담 시간을 부여하기까지 한다.** 그 목사는 그 교구민을 기쁘게 하기 위해서(종종 어떤 일이 일어나

고 있는지도 모르는 채로) 다른 약속들을 취소하기까지 한다.

3. 은밀하거나 완곡한 메시지가 **양편으로부터** 전달된다. 표면적으로는 무해한 그 메시지는 더 깊은 차원에서는, "목사님, 저는 목사님과 함께 갖는 시간이 정말 즐거워요" 라든가 "당신과 같은 남편(아내)을 둔 당신의 아내(남편)는 정말 운이 좋은 분이십니다" 따위의 더 인간적인 어떤 의미를 담고 있다.

4. 상담 시간들이 성적인 문제들을 다루는 데 과도하게 사용된다. 피상담자가 상담을 통해서 해결하고자 하는 문제와 연관이 없는 성적인 체험과 이전의 연애 사건을 함께 나누기 시작한다.

5. 목사가 **스스로의 결혼 생활에 쌓인 욕구불만들을 주목하기** 시작한다. 그런 목사들은 사소한 일에 화를 내기 시작한다. 그것은 그들이 죄책감을 느끼기 때문이며, 다른 일에 화를 냄으로써 그 죄책감을 완화할 수 있기 때문이다.

6. 목사가 과도하게 피상담자에 관한 환상에 사로잡히기 시작한다.

7. 목사가 핑계를 만들어 그녀에게 전화를 걸어 공연히 대화를 나눈다. 그 다음으로는 외딴 곳에서 점심 약속을 하는 일이 이어질 수 있다. 이런 일들은 "추가적인 상담"으로 합리화된다.

8. 일상적인 접촉이 더 잦아지며 상담이 끝나고 갖는 포옹이 더 길어지고 강렬해진다.

한 가지 특별한 성격의 유형이 남자 목사에게 특히 위험하다. 그것은 히스테리칼한 여자의 성격 유형이다. 이런 사람은 전형적으로 천박하고, 과민하게 반응하고, 쾌활하며, 거침 없이 성적인 매력을 과시하고, 수다를 떨고, 교태를 부리고, 낭만적인 환상에 사로 잡혀 있다. 그런 사람은 또한 감수성이 예민하고, 자극적인 것을 간절히 바라지만 천진난만하고 냉담하다. 본질적으로 그녀는 칭찬을 받기 위해서 주목을 끌려 하는 여자의 **삽화**(a caricature)이다.

이러한 성격이 전이에 **빠지기가** 극도로 쉽기 때문에, 그녀의 유혹에 빠지는 목사는 틀림 없이 파멸에 이를 것이다. 그는 공개적인 애정 표현과 최초에 그녀에게 느꼈던 매력이 피상적인 것에 불과했다는 사실을 발견하고 당황할 것이다.

정신의학과 심리학에서는 뛰어난 정신병 의사와 평범한 정신병 의사 간의 차이가 전자가 히스테리칼한 성격을 인식하고 재빨리 멀리하는 것이라는 사실을 오랫동안 인식해 왔다. 이것은 현명한 목사에게도 해당되어야 한다.

전이를 다루는 법

보통 목사는 전이의 가능성이 큰 피상담자가 요구하는 시간과 정력을 제공할 여유가 없다. 전이를 다루는 훈련에는 상담에 대한 과정에 전형적으로 제공되는 훈련을 훨씬 초월하는 폭넓은 훈련이 요구된다. 만일 이러한 훈련을 받을 기회가 주어진다면, 그 훈련을 이용하라.

그 동안에 할 일이 있다.

●**전이를 다른 감정들처럼 취급하라.** 전이를 다루는 가장 안전한 방법은 그것을 피상담자의 다른 감정을 받아들이는 것과 꼭 같이 받아들이는 것이다. 이 일은 전이를 더 이상 부추기지 않은 채로 이루어져야 한다. 그리고 상담자는 피상담자가 그 감정이 상담자가 아니라 피상담자인 자신 안에 있는 감정임을 알 수 있도록 도와 주어야 한다.

상담자는 피상담자가 자기 감정을 더 잘 이해할 수 있도록 상황을 밝히는 질문들을 할 수 있다. "당신은 저와 사랑에 빠졌다고 생각하시는데, 그렇게 생각하시는 이유가 뭡니까?" 다시 말해서, 감정을 전부 표현하는 것이 그 감정을 용인하거나 거부함이 없이 허락되는 것이다.

●비록 그 일이 나중 단계에만, 그리고 피상담자의 기분을 상하게 하지 않고 이루어질 수 있을 때에라야만 이루어져야 한다 하더라도, 그 감정에 대해서 **분명한 태도를 취하라.** 예를 들어 보자. "종종 사람들은 가장 깊은 비밀을 누군가와 함께 나눌 때, 그 사람에게 마음을 끌리는 나머

지 친밀함을 느낍니다. 그것이 여기서 일어나고 있는 일이 아닐까요?"

● 언제나 전문가로 남아 있으라. 이 말은 친근하거나 다정해서는 안된다는 의미가 아니다. 내가 말하고자 하는 것은 여러분의 약속 스케줄을 지켜야 한다는 것과, 전문가로서의 역할에서 벗어나기를 피해야 한다는 것이다.

● 어려운 사례들을 위임하라. 만일 전이가 과도해지는 경우에는 신뢰할 수 있는 그리스도인 정신병 의사에게 위임하기를 주저하지 말라. 전문가로서의 능력의 한 가지 특징은 자신의 한계를 아는 것이다.

목사의 보호

그렇다면 역전이는 어떤가? 목사는 피상담자를 향한 따뜻한, 사랑하는 감정들을 어떻게 다뤄야 하는가?

● 이런 감정들을 여러분의 피상담자와 함께 나누지 말라. 그런 감정들에 대해 결코 이야기하지 말고, 그런 감정들이 있다는 사실을 암시하지도 말라. 그 감정들은 여러분의 피상담자들의 문제가 아니라 여러분의 문제이다. 만일 그렇게 한다면, 여러분은 친밀한 관계를 부추기거나 거절 당하든가 둘 중 하나일 것이다. 어떤 경우든 여러분은 실패하는 것이다.

● 역전이와 단순히 매력을 느끼는 것 사이의 차이를 이해하라. 단순히 매력을 느끼는 정상적인 경우에, 여러분은 여러분이 매력을 느끼고 있는 사람을 멀리할 수 있다. 여러분은 자유롭게 떠날 수 있다. 육체적으로, 정신적으로 떠나기를 선택할 수 있다. 그러나 여러분이 누군가에게 사로잡혀 있을 때, 자신으로 하여금 끊임 없이 피상담자에 관해 생각하도록 허락할 때, 여러분은 문제를 안고 있다. 여러분은 생각의 방향을 다시 잡고 그 사람에 대한 환상을 품는 것을 피해야 한다.

● 친밀함에 대한 여러분의 욕구들을 의식하라. 여러분의 배우자와 가까운 한 두 사람의 친구와의 친밀한 관계를 유지하라. 목사들은 종종 외

로운 사람들이다. 그들은 종종 다른 사람들로부터 스스로를 단절시킨다. 그렇게 함으로써 그들은 어떤 시점에 이르러 친밀함과 칭찬을 갈망하는 스스로의 모습을 발견하게 된다. 이런 일이 일어날 때, 도움을 구하라.

●신용의 체계를 발전시키라. 여러분은 하나님께만 책임이 있는 것이 아니라 여러분이 책임을 지고 여러분의 감정에 대해서 대화를 나눌 수 있는 누군가를 필요로 한다. 그런 사람은 직장 동료, 다른 교회의 목사(서로 책임을 질 수 있는), 또는 여러분의 배우자가 될 수도 있다.

결혼관계

사실상, 배우자의 역할은 목사가 상담을 할 수 있는 안전한 처지를 발전시킴에 있어서 지극히 중요하다.

예를 들어, 남자 목사들의 경우에, 많은 아내들이 목사인 자기 남편이 다른 여자들에게 유혹을 당할 수 있다는 사실을 이해하는 데 어려움을 겪는다. 그렇게 탁월하고, 존경받고, 지적인 사람이 어떻게 천박한 유혹에 빠질 수 있다는 말인가?

폴 투르니에(Paul Tournier)가 그의 저서 「서로를 이해하라」(*To Understand Each Other*)에서 지적하고 있듯이, 이러한 태도는 목사의 죄책감을 증가시키고, 아내와 섹스에 대한 가장 깊은 갈등을 함께 나누지 못하게 방해할 뿐이다. 그에게 있어서 그녀는 도덕법의 현신(現身)이 되는 것이다.

투르니에는 이렇게 말하고 있다. "이것이 정숙한 사람들이 너무나 가혹하게 비난하는……많은 간음을 일으키는 추진력이다. 일단 그것을 발견한 아내는…." 그녀는 만일 그가 정말로 자기를 사랑한다면, 다른 여자들을 생각하지 않으리라고 생각하는 것이다.

그녀가 모르고 있는 사실은 그녀의 목사/남편이 이 갈등을 그녀에게 털어놓기를 절실히 바라고 있다는 것이다. 그는 자신의 충동을 그 충동이 소속되어 있는 대상인 그녀에게 밝히고 싶어한다. 그러나 그녀의 침묵, 저항, 정죄의 장막은 종종 감정적인 거리를 더 멀어지게 할 뿐이다.

반면에 배우자들이 자기들의 친밀한 생각과 감정을 보도록 허락하기를 거부하면서, 자기 주변에 담을 쌓는 것이 목사들인 경우가 있다. 많은 목사들이 어려운 일이 있을 때에만 자신의 감정에 관해 이야기할 수 있는 내성적인 사람들이다. 또 다른 경우에, 좋은 목사라면 마땅히 그러한 유혹을 정복해야 한다고 생각하기 때문에 목사들이 죄책감에 사로잡힐 수 있다.

그리고 어떤 목사들은 배우자에게 자신의 갈등을 더함으로써 부담을 주기를 원치 않는다. 또 날마다 다른 사람들의 문제에 관해 듣는 데 너무 지친 어떤 목사들은 배우자를 대화에 의도적으로 개입시킨다는 생각을 한 동안 포기해 왔다.

그러나 친밀함의 부족이 한 사람에 의해 초래되든 아니면 두 사람 모두에 의해 초래되든 간에, 그 해결책은 동일하다. 그 커플은 두 사람 모두 ― 특히 이런 경우에, 목사 ― 가 자신의 두려움, 고통, 슬픔, 죄책감, 그리고 불행에 대해서 거리낌 없이 말할 수 있는 더 안전한 결혼 생활을 필요로 한다.

투르니에는 남자 목사들을 대상으로 글을 쓰고 있기는 하지만, 이 문제에 대한 그의 충고는 목사와 그의 아내 모두에게 해당된다. "성적인 유혹에 대한 최선의 보호책은 유혹에 대해서 정직하게 이야기하고 아내가 이해하는 가운데 그 유혹을 극복하는데 필요한 효과적이고도 사랑에 넘치는 도움을 찾는 것이다."

어려운 때 도움을 주시는 하나님의 성령을 의지함과 이러한 솔직한 대화가 짝을 이룰 때, 우리는 연애 사건을 방지할 수 있다. 그것은 또한 내가 천국의 이 편에서 그 외의 어떤 방법으로도 얻어질 수 없다고 생각하는 깊은 사랑과 이해와 하나 됨을 쌓아 줄 수 있다.

목사들은 돌보는 사람들이다. 그것은 사역으로의 부르심에 응답하는 사람들의 한 가지 특성이다. 우리는 필요한 대상이 될 필요가 있다. 그런 면에서, 아마도 우리 모두는 어느 정도 서로를 의지하고 있다. 그 사실 때문에 돌봄을 베푸는 것이 우리 직업에 따르는 감정적으로 위험한 일이 될 수 있다.

—짐 스미스

제 12장

심리적인 균형를 유지하라

나의 기도는 신학적으로도, 개인적으로도 옳지 못한 것이었다. 초록색 시보레 베가(green Chevy Vwga) 차를 몰고 텍사스 주 달라스의 목킹버드와 그린빌(Mockingbird and Greenville in Dallas, Texas) 사이를 헛되이 돌아다니던 나는 그만 감정이 폭발하고 말았다. 나는 부끄러움을 잊고 이렇게 기도했다. "주님, 저는 이 사람들과 지옥 사이에 서 있는 유일한 사람입니다. 그들은 지옥에 가야 할 겁니다. 제가 집으로 갈 것이기 때문입니다. 저는 그만 두렵겠습니다."

그 날 저녁 사무실을 떠날 때, 내 비서가 8개월 후까지 꽉 차 있는 대기자 목록을 가지고 나를 놀라게 만들었다. 그리고 하루 사십 여번 씩 걸려 오는 전화가 나의 관심을 끌기 위해서 울려댔다. 나는 그 모든 것에 압도 되어 있었다. 죄책감으로 압박받고 있었다. 나는 메시아 노릇을 하다가 희생자가 된 것이다. 물에 빠진 희생자를 구하려다 익사하는 생명 구조원처럼, 나의 일중독(workaholism)이 나 자신의 감정적인 건강을 물 속으로 끌어들이고 있었던 것이다.

목사들은 감정적인 피로에 빠지기 쉽다. 그러나 목사의 감정적인 건강은 효과적인 상담과 장기간의 사역을 위해서 필수불가결하다. 역사적으로, 목사들은 돌보는 자들이다. 그런 면에서, 아마도 우리 모두는 어느 정도 서로를 의지하고 있다. 그 사실 때문에 돌봄을 베푸는 것이 우리 직업에 따르는 위험한 일이 될 수 있다.

나는 이런 위기를 겪고난 후에 상담에 따르는 심리적인 위험을 피할 수 있다는 사실을 발견했다. 물론 의미심장하고 지속적인 기도 생활은 목사의 심리적인 건강의 중심적인 요소이다. 기도는 우리의 사역을 옳게 바라보게 해 줄 뿐 아니라 하나님께서 우리에게 행하라고 명하신 사역을 감당할 수 있도록 신적인 힘과 지혜를 부여 받는 수단이다.

기도에 덧붙여서, 나는 도움이 되는 몇 가지 다른 관습을 발견해 왔다.

여러분의 심장 박동을 검사하라

의사가 심장 박동을 검사하듯이 목사의 심리적인 심장박동 또한 검사되어야 한다. 나는 스스로에게 다음과 같은 일련의 질문을 제기함으로써 나 자신의 심리적인 심장박동을 검사한다.

● **내가 가정에서 감정적으로 편안한가?** 아내 질이나 딸과 함께 있을 때 감정적으로 편안할 수 없다는 것은 내가 인간 관계에 부대끼고 있음을 보여 주는 좋은 신호이다. 만일 직장에서 집으로 차를 몰고 오는 동안에 그들이 기분 좋은 하루를 보내서 내가 그들의 눈물을 양동이에 담을 필요가 없도록 바라고 기도한다면, 나의 감정적인 탱크는 비어 있는 것

이다.

그리고 만일 텔레비전을 보는 동안에 울고 흐느낄 이유가 없는 내용을 보고 눈물을 흘린다면, 나는 감정적으로 궁핍한 상태에 있다. 그 상태를 극복할 수 있는 감정적인 자제력을 상실하고 있는 것이다. 예를 들어, 그 내용은 부모가 어린 아이를 학대하는 것과 같은 비극적인 내용일 수 있다. 그러나 건전한 상태 하에서라면, 나는 그 부모에게 화를 낼 것이다. "뭐 저런 쥐새끼 같은 인간이 있지!" 그러나 만일 내가 그것을 보고 눈물을 쏟는다면, 그것은 내 영혼이 곤경에 처해 있음을 보여 주는 믿을 만한 척도인 것이다.

• 내가 객관성을 잃고 있는가? 객관성을 잃는다는 것은 여러분 자신의 이해 관계들이 상담 과정을 흐리게 하거나 방해하는 것을 말한다.

알콜중독자인 아버지 밑에서 자란 나는 어머니를 보호하는 역할을 감당했다. 알콜중독자였던 나의 아버지는 어머니를 말로, 감정적으로 학대했다. 따라서 나는 결혼 상담 중에 균형을 잃을 때 무의식적으로 남자와 맞서고 있는 여자 편에 서게 된다. 여자에게 더 공감을 갖는 것이다. 그렇게 되면 나는 객관성을 잃게 된다. 객관성을 잃는다는 것은 나 자신의 감정적인 욕구들이 기울어져 있음을 지적해 줄 수 있다.

• 내가 힘을 남용하고 있는가? 힘은 목회 상담에 있어서 고유한 부분이다. 그러나 여러분 스스로의 필요를 위해 피상담자들의 돈을 이용하는 것처럼 힘을 오용하는 것은 심리적으로 병들어 있다는 증거이다.

얼마 전에, 나는 피상담자 중 한 사람으로부터 은밀한 말을 들은 까닭에 주식 시장에서 내 돈을 밤새 네 배로 불릴 수도 있었다. 그것은 결코 내게 심각한 유혹이 아니었다. 그러나 목사들은 사업과 가정들에 대한 정보에 내밀히 관여하고 있다. 그러므로 우리는 재정적인 보상이나 부수입을 얻기 위해 사람들에게 접근하고자 하는 유혹에 빠지지 않도록 주의해야 한다.

상담하는 목사들에게는 피상담자들에 대한 많은 정보가 맡겨져 있다.

잠정적으로 위험한 정보를 가지고 그들을 이용하는 것은 비윤리적인 일인 동시에 전문가로서 할 일이 아니다.

 •내가 성적 엿보기 취미(voyeurism)를 가지고 있는가? 성적 엿보기 취미란 안전한 거리에서 성적인 만족을 얻는 것을 말한다. 상담 과정에 관계 없는 질문들을 함으로써, 목사들은 자신의 충족되지 않은 욕구를 만족시키기 위해서 상담을 사용하는 성적 엿보기 취미자가 될 수 있다.

예를 들어, 만일 내가 어떤 커플을 상담하고 있는데, 남편이 아내가 성적으로 자유롭지 못하다고 불평을 늘어놓는다고 하자. 나는 그가 왜 그런 말을 하는지를 이해하기 위해서 더 많은 정보를 필요로 한다. 그것이 그녀가 욕실에서 옷을 입는 것을 의미하는가? 아니면 그녀가 휘핑크림(whipping cream)을 사용하려 하지 않는 것을 의미하는가? 나는 그들이 문제를 해결할 수 있도록 돕기 위해서 적절한 질문들을 할 필요가 있지만, 나 자신의 성적인 호기심을 충족시키는 질문들을 해서는 안되는 것이다.

만일 내가 나 자신의 성적인 만족을 얻기 위해서 질문을 하기 시작한다면, 나는 나를 치유자의 입장에서 제거시키는 성적 엿보기 취미자가 되는 것이다.

 •나만이 모든 문제를 해결할 수 있다고 믿고 있는가? 오직 나만을 만나고 싶어하는 사람들이 있다. 그들은 내가 이 세상에서 자기들을 도울 수 있는 유일한 사람이라고 믿고 있다. 우리 교회에서는 그것을 옷단 증후군(Hem-of-the-Garment Syndrome)이라고 부른다. "만일 내가 짐의 옷단을 만질 수만 있다면……." 그 유머는 우리로 하여금 진상을 올바르게 파악할 수 있도록 도와 준다. 그러나 그것은 심각한 일이다. 만일 여러분이 여러분 만이 이 세상의 모든 문제에 답할 수 있다고 믿기 시작한다면, 여러분은 심리적인 균형을 유지하기 위해 그려진 선을 넘어서고 있는 것이다.

•내가 받아들일 수 있는 수준이 낮아지고 있는가? D^- 짜리 결혼들을 계속 상담한 후에, C^+ 짜리 결혼이 그다지 나쁘지 않다고 생각하기란 쉬운 일이다. 만일 내가 감정적으로 지쳐 있고 자기들의 결혼에 대해 쓸데 없는 말을 늘어 놓는 어떤 커플의 말을 듣고 있다면, 무의식적으로 이렇게 생각할 수 있다. '왜 그렇게 까다롭습니까? 여러분의 C^+ 짜리 결혼은 대부분의 경우보다 나아요!' 나는 하나님께서 그들에게 A^+ 짜리 결혼을 주시기를 바라는 소망을 잃는다. 그렇게 될 때 하나님의 이상들이 나의 감정적인 부담의 희생제물이 되는 것이다.

한계 설정

감정적인 평형을 유지하는 것은 또한 다섯 가지 영역에 제한을 설정할 것을 요구한다.

1. 한 주일 동안 감정적으로 상담할 수 있는 피상담자의 수를 파악해야 한다. 나 자신의 경우 하루 여섯 명 정도를 상담하는 것은 괜찮다. 일곱 명을 상담할 경우에 나는 한계에 도달하게 된다. 그러나 여덟 명을 상담하게 될 경우, 나는 죽을 지경이 된다─감정적인 부담의 한계를 넘어 내 영혼이 곤두박질치게 되는 것이다. 그리고 적법한 응급 사태와 도움 요청을 해결하기 위한 시간역시도 나의 주간 스케줄에 포함되어야 한다.

2. 나는 상담의 작업량 중에서 정력을 소모시키는 사례의 수에 한계를 정한다. 많은 임상 심리 의사들은 신경증과 정신병의 경계에 있는 사람들을 한 번에 두 사람 이상 치료하려 하지 않을 것이다. 그것은 상담 목사에게 좋은 충고가 된다. 정기적으로 되풀이 되는 그들의 우울증은 목사의 감정적인 상태를 쉽게 방해할 수 있다.

3. 나는 상담의 작업량 중에 내가 정말로 상담하기를 즐기는 피상담자들과의 상담 시간을 균형 있게 배열한다. 나는 위기 상황 만을 다루고서는 살아 남을 수가 없다. 내가 가장 좋아하는 것은 가르치는 것이다. 그러므로 나는 큰 사건을 마무리 짓기보다는 피상담자들에게 결혼 생활 중에 친밀함을

나누는 방법에 대해서 가르치기를 좋아한다. 나는 하수구 청소부(a sewer cleaner)와는 거리가 멀다. 따라서 나는 감정적으로 나를 소모시키는 사례들을 엄격히 제한하고, 가능한 한 작업량의 나머지 부분을 내가 가장 하기 좋아하는 일로 채워서 균형을 잡는다.

4. 나는 나와 나의 사역 사이에 인위적인 담을 쌓는다. 내 비서는 상처 입은 사람들의 즉각적인 요구들로부터 나를 격리시켜 주는 인위적인 담이다. 그녀는 엔도르의 사악한 마녀(wicked witch of Endor)와도 같다. 살짝 그녀를 따돌리지 않고는 아무도 나를 만날 수 없는 것이다. 나는 사람들에게 너무 친절하다. 반면에 그녀는 나의 스케줄을 침해하려 하는 사람들에게 단호하게 대하는 것이다.

·또 다른 담이 있다면 자동응답기를 달아 집에 걸려 오는 전화를 걸러 내거나 전화선을 끊는 것 등이 있을 것이다. "내일 사무실로 전화해 주시겠습니까?"라든가, "제 스케줄을 검토해 보지요" 등의 대답들은 목사로 하여금 도움을 요구하는 사람들의 빗발치는 도움 요청을 완화시키는 데 도움을 준다.

5. 나는 피상담자의 문제를 나 자신의 문제로 받아들이기를 거절한다. 나는 언제나 누구의 문제가 누구의 문제인가를 정확하게 서술한다.

최근에, 부모에 의해 집에서 쫓겨난 한 십대 소년이 갈 데가 없어서 내 사무실에 묵게 되었다. 그는 마치 내가 자기에게 머물 곳을 정해 주기를 기다리고 있는 것처럼 느꼈다. 만일 내가 전화를 들어 그가 머물 곳을 찾아 주려고 애썼다면, 나는 그를 구해 줄 수 있었을 것이다.

그렇게 하는 것이 그에게 상처를 주었겠지만-그 불쌍한 소년은 분명히 겁을 먹고 있었다-나는 의식적으로 거절했다. 우리는 마침내 그가 자기 돈을 내고 모텔에 가야 한다고 결정을 내렸다.

나는 "자, 저기에 전화가 있다"라고 말했다. 그래서 그는 모텔에 전화를 걸어 가정 문제가 해결될 때까지 한 방에 머물렀다.

어떤 사람이 나를 찾아 와서 직업이 없다고 불평을 늘어 놓을 때 나는 아는 어떤 사람에게 전화를 걸어 그 사람이 일을 할 수 있도록 도와 달라고 부탁하고 싶은 유혹을 받는다. 나는 그렇게 해서는 안된다. 그렇게 되면 그것이 나의 문제가 되기 때문이다.

그 대신에 나는 이렇게 말할 것이다. "몇 가지 선택권에 대해 생각해 봅시다. 하지만 가서 찾아야 하는 건 당신의 직업입니다. 제가 당신을 위해 그 일을 해드릴 수는 없습니다."

종종 선을 긋는 것이 힘든 경우가 있다. 때로 사람들은 절실하게 경제적인 도움을 필요로 하게 된다. 때로는 타당한 경우가 있다. 예를 들어, 어떤 남편이 아무 것도 남겨 두지 않은 채로 아내와 아이들을 두고 집을 나갔다고 하자. 우리는 그런 사람들을 도와 준다.

그러나 많은 사람들은 찾아 와서 더 기분이 좋아지기를 바랄 뿐이다. 그리고 사람들을 그들의 고통으로부터 해방시켜 주고자 하는 엄청난 유혹이 있다. 고통은 위대한 스승이다. 그들의 고통을 경감시켜 주기를 거절함으로써, 우리는 그들의 치유 과정을 촉진하는 동시에 우리 자신의 영혼의 감정적인 안녕(安寧)을 보호할 수 있다. 그들의 문제에 빠질 경우에, 나는 상담자가 될 수 없는 것이다.

의지할 영혼을 찾으라

상담자를 계속 감독하는 것은 장기적인 감정적 건강에 있어서 또 하나의 근본적인 조건이다.

우리 상담 센터에서는 서로를 감독한다. 그에 덧붙여서, 나는 매달 내가 상담한 사례들을 놓고 토론하기 위해서 심리학 전문가인 세 친구를 매달 만난다. 물론 우리는 피상담자들의 이름을 밝히지 않는다. 그것은 비밀 보장을 어길 수 있다. 그러나 우리는 세부사항들을 다룬다(외부의 상담이 필요한 경우에 우리는 그 사실을 피상담자들의 응답지에 명기한다).

종종 나는 목사들에게 정신 건강 전문가를 찾아서 두 주 또는 한 달마다 그들의 사례들에 대한 베테랑 심리학자의 시각을 얻으라고 권면해 왔다.

시골 지역의 목사에게는 그것이 불가능하다. 그밖의 지역 목사들은 신학적으로 "생소한" 교파 출신이라 할지라도 능력 있는 감독들(supervisors)을 얻을 수 있다. 또한 심리학적인 배경을 거의 또는 전혀 갖고 있지 않은 성숙한 친구도 상담 사례들에 대한 시각과 통찰력을 제공할 수 있다.

감독 못지 않게 목사들이 친한 친구이든 배우자이든 간에 영혼의 친구를 필요로 하는 또 한 가지 이유는 책임이다. 그러나 목사는 배우자의 경우에 교회의 성도들에 대한 배우자의 태도에 악영향을 끼치지 않도록 주의해야 한다. 피상담자의 익명성(匿名性)은 목사의 배우자로부터도 보호되어야 한다.

그러나 여러분이 배우자와 얼마나 많은 부분을 함께 나눌 수 있는가는 여러분의 교회의 크기에 의존한다. 우리 교회가 상당히 크고, 내 아내 잔(Jan)이 사역에 대부분 개입되어 있지 않기 때문에, 나는 나의 상담 상황 중 일부, 특히 우스꽝스러운 상황을 그녀와 함께 나누는 데 편안함을 느낀다. 그것은 그녀를 나의 세계로 끌어들이고, 내가 정기적으로 어떤 일과 씨름해야 하는지를 그녀에게 알게 해 준다.

그러나 성적인 책임은 전혀 다른 경우이다. 어떤 피상담자에게 매력을 느끼고 있다는 사실을 누설하는 것은 배우자들에게 지나치게 위협적인 것이 될 수 있다. "나는 어떤 교구민에게 엉뚱한 환상을 품고 있소. 그녀와 나는 그 문제에 책임을 질 필요가 있어." 이러한 고백은 결혼한 배우자가 아니라 동료의 귀에 들려 주어야 할 이야기인 것이다.

인간 관계에서 오는 부담이나 피로는 상담하는 목사를 성적인 유혹에 약하게 만들 수 있다. 그것은 특히 그의 감정적인 욕구들이 충족되지 않는 경우에 더욱 그렇다. 그런 상황 하에서 예기치 않게 상담 관계들이 성적인 함정에 빠질 수 있다. 그러나 신뢰할 만한 친구에게 성적인 유혹을 고백하는 것은 날카로운 충고를 받고 그 끄는 힘의 신비로부터 벗어나게 해 주는 것이다.

책임은 목사들 스스로의 욕구들을 평가하고 심리적인 이중성을 경계하게 해줌으로써 목사들의 결심을 받쳐 준다.

성장에 대한 부단한 인식

사역에 있어서, 주님과 우리의 행보(行步)가 긴급한 일들에 쉽사리 희생될 수 있다. 이것은 특히 목회 상담의 경우에 해당된다. 종종 우리는 너무나 바빠서 우리 자신의 영적인 필요들을 충족시키는 것을 잊어버린다. 그러나 우리는 영적인 성장을 부단히 의식함으로써 우리 자신의 문제들을 직시할 수 있다. 우리는 주님께서 우리를 사용하시기 전에 완전할 필요가 없다. 그러나 우리는 우리 심령의 은밀한 부분들 가운데 그리스도의 임재를 체험할 필요가 있다.

자신이 하나님의 부르심을 받았다고 믿는 일부 목사들이 전혀 잘못된 이유들 때문에 사역을 끝낸다. 사실상, 하나님의 부르심이 잘못된 동기와 어린 시절의 고통에 의해 왜곡되어 왔을 수 있다. 그러나 문제가 무엇이든 간에―성적인 탐닉, 결혼 생활의 문제들, 또는 자아도취적인 성향―목사들은 건강하기 위해서 스스로의 문제들을 해결해야 하며, 자신의 삶에 미치는 하나님의 치유를 직접 경험해야 한다.

결국 상담을 효과적으로 만드는 것이 이러한 건전함이다. 예를 들어, 나는 목회 사역을 하는 동안 많은 사람이 상담을 받으러 찾아오지 않는다는 사실에 실망한, 이전에 목사였던 사람을 알고 있다. 그는 사람들이 찾아 오는 경우에도, 그들이 갈등을 벗어날 수 있도록 도움을 주는 데 있어서 거의 성공을 거두지 못했다.

몇 년 후에, 그는 자기가 친밀함의 문제에 대해 가지고 있었던 갈등을 해결하지 못했기 때문에 다른 사람들을 상담하는 데 어려움이 있었음을 깨닫게 되었다. 그는 한 동안 아내, 교회, 친구들로부터 자신을 단절시키고, 점점 더 다른 사람들에게 자신을 감췄다. 그를 아는 사람들은 그의 삼가는 태도를 파악하고, 자신들을 그에게 맡기는 것이 어려운 일이라는 사실을 발견했다.

"만일 나 자신이 다른 상담자에게 정기적으로 검진을 받았더라면, 이런 문제를 더 일찍 발견해서 처리할 수 있었을 겁니다. 당연히 나의 상담 사역은 방해를 받았습니다. 나는 훨씬 더 많은 사람들을 도울 수 있는 기회를 상실한 겁니다."

심리적인 건강은 주로 정도의 문제이다. 그러므로 목사가 감정적으로 균형을 잡는 것은 인격적으로 완전해지는 문제가 아니라 자기 인식이 점점 더 성장하는 문제인 것이다.

전문가로서의 성장 또한 나의 감정적인 상태에 영향을 준다. 인간의 기능 장애 영역은 폭이 넓다. 그리고 상담 목사들은 효과적인 사역을 감당하기 위해서 전문가로서의 부단한 발전을 필요로 한다. 내가 성경적으로, 신학적으로 이해하고 있는 바를 심리학과 접목하는 끊임 없는 과정은 나 자신의 정신의 양식(food)이다. 그것이 내가 심리학에 종사하는 친구들과 매달 만나는 것이 그렇게도 중요한 이유이다. 전문가로서의 성장에 대한 부단한 인식은 심리적인 건강에 대한 인식을 유지하는 데 기여한다.

유머를 구속(求贖)하라

지난 이십 오 년 동안의 사역 기간 동안, 끊임 없이 인간의 곤경을 대해온 것이 나를 심각해지게 만들어 왔다. 어떤 면에서, 나는 목회 상담이 내게 상처를 입혔다고 생각한다. 너무나 많은 슬픔과 비인간적인 모습을 본 것이 내 기질의 밝은 부분을 닳아 없어지게 만들었다.

그것이 내게 유머가 어느 때보다 더 중요한 이유이다. 나는 유머 감각이 내 기질에 빛을 돌려 줄 수 있다고 확신한다. 유머는 사역에 있어서의 감정적인 평형을 유지하는 데 필요한 지극히 중요한 요소인 것이다.

유머는 또한 목사가 어려운 처지에 있는 교구민들을 직면할 때 그를 뒤덮는 무겁고 어두운 분위기를 일소할 수 있게 해 준다. 그러므로 상담에 대한 균형잡힌 접근 방법 중 일부는 그들의 고통 중에서 우스꽝스러운 요소를 찾는 것이다—물론 무감각한 방법으로 그렇게 해서는 안된다.

더그 홀(Doug Hall)의 한 만화는 기도 모임 중에 서서 이렇게 기도하는 여자의 모습을 보여 주고 있다. "주님, 당신 앞에 오늘 아침 사람들이 입밖에 낸 기도들을 내려 놓습니다. 비록 대부분이 제게는 넋두리처럼 들리지만 말입니다." 이것이 내가 피상담자들이 입밖에 내는 문제들을 들을 때 종종 느끼는 바이다. 그리고 그것을 유머러스하게 보는 것이 나의 욕구불만을 완화시켜 주는 것이다.

유머는 또한 나 자신을 지나치게 심각하게 다루지 않는 열쇠이다. 메시아는 한 분 뿐이다. 그리고 그 분은 이미 하늘로 올라가셨다. 미네아폴리스의 우드데일 교회(Wooddale Church in Minneapolis)의 목사인 레이스 앤더슨(Leith Anderson)은 목사의 역할을 적절하게 표현하고 있다. "만일 누군가가 여러분에게 다음 24 시간 안에 문제를 해결해 줄 것을 절대적으로 요구하는 상황에 처해 있다면, 여러분은 어떤 식으로든 그 문제를 해결해 줄 수 없다."

따라서 나는 유머가 나의 삶의 일정한 부분이 되도록 허락한다. 여러분은 여러분이 갖는 관계들과 여러분의 사고 방식 안에 억지로 유머를 집어넣을 수는 없다. 그러나 여러분은 누군가가 유머를 사용할 때 마음을 열고 받아들일 수는 있다. 동료들과 함께 서로가 겪은 사례들에 대해 논의할 때, 모든 것이 심각할 필요는 없다. 우리는 종종 서로와 피상담자들, 그리고 자신들을 웃음거리로 만든다. 우리가 경박하거나 빈정대는 말을 하지 않는 한, 그것이 초래하는 웃음은 치료하는 약이 되는 것이다.

나는 또한 유머를 격려하는 분위기를 만들려고 애쓴다. 나는 내 상담 사무실의 대기실에 종종 사람들이 볼 수 있도록 만화책을 갖다 놓는다. 그것은 그들에게 우리 인간들이 처한 곤경을 유머러스하게 파악하게 해 준다. 나의 그런 면을 알게 된 사람들은 만화책과 유머러스한 짤막한 노래 가사들을 내게 보내 주기도 한다. 나는 그런 일을 격려한다.

우리 모두는 우리의 인격을 더럽히는 사소한 버릇들과 사역을 방해하는 욕구불만들을 가지고 있다. 우리의 인간적인 실수를 즐거워하는 것은 우리 자신을 지나치게 심각하게 취급하는 것으로부터 우리를 해방시켜 준다. 건전한 유머는 목사로 하여금 나무들 안에서 상담하는 동시에 숲을 볼 수 있게 해 준다.

휴 식

자전거를 타든, 골프를 치든, 아니면 정원가꾸기를 하든 간에, 목사들은 사역으로부터 얻은 에너지를 다른 곳으로 돌릴 활동들을 배양해야 한다. 그것은 많은 상담을 하는 사람들에게 더 해당된다.

나의 아내는 자기 사업체를 갖고 있어서 내가 쉬는 날 함께 쉬지를 못한다. 그래서 나는 목요일에 일과에서 벗어나 낚시 또는 사냥을 한다. 휴식하는 날에는 낚시대를 던지거나 들에서 메추라기를 잡으면서 시간을 보내는 것이다.

이처럼 야외에서 즐거운 시간을 보내는 것은 내게 기분 전환이 된다. 나는 나 자신의 감정적인 건강이 기분을 새롭게 해 주고 피상담자들을 상담하는 기력을 소모시키는 일로부터 벗어나게 해 주는 활동들을 요구한다는 사실을 발견하게 된다. 배를 타고 앉아 있는 것, 미끼를 다는 것, 그리고 친구들과 함께 크게 웃는 것 등이 나의 욕구를 충족시켜 준다.

친구인 로비(Robbie)가 찾아 오면, 우리는 즉시 호수로 간다. 그것은 보통 낚시꾼들처럼 낚시를 하면서 "웃고 떠드는" 시간이다. 낚시와 사냥은 비교적 긴 기간 동안 상담 사역을 유지할 수 있게 해 주는 두 가지 약(藥)인 것이다.

달라스의 한 구석에서 했던 잊지 못할 몸서리나는 기도는 나의 일중독과 나를 찾는 모든 사람을 위한 메시아가 되려는 나의 병적인 집착을 깨뜨렸다. 그것은 극적인 전환은 아니었다 — 나는 안식년을 가진 것도 아니고, 나의 삶과 사역을 완전히 재건한 것도 아니었다. 나는 단지 한 번에 하루를, 한 번에 한 환자 씩만을 다루기 시작했을 뿐이다. 나는 여전히 때때로 모든 사람의 문제를 해결하려고 열심히 애쓰고 있다. 하지만 나는 나의 심리적 건강에 더 많은 관심을 기울여 왔다. 그리고 아이러니칼하게도 그것은 나로 하여금 다른 사람들의 심리적인 건강에 보다 효과적으로 관심을 가질 수 있도록 도와 왔다.

가정과 가족과의 유사성을 고려 할 때, 심오한 일들이 목회 상담 중에 일어나는 것은 놀랄 일이 아니다.

―크레익 브라이언 라슨

결 어

목회 사역의 다른 어떤 차원이 고귀한 이상과 지상의 현실이라는 두 영역을 상담만큼 포함하고 있을까? 목회 상담자들의 마음은 깊은 동정, 치유, 사랑, 제자도, 지혜, 그리고 위로 등으로 가득 차 있다.

그와 동시에, 그들은 슬픔, 모독적 행동, 간음, 근친 상간, 증오, 간음, 죽음, 암, 그리고 의심 등에 노출됨으로써 상처를 입고 있다. 어린아이의 어머니처럼 목사들은 요람 곁에서 마음이 따뜻해지는 노래를 부르고 더러운 기저귀와 턱받이를 갈아 주면서 하루하루를 보내고 있다.

또 다른 식으로 표현해 보자 : 목회 상담자들은 교회를 거룩한 동시에 인간적인 하나의 기독교 가정으로 알고 있다.

그것은 시작부터 목사들에게 해당되어 온 사실이다. 예를 들어, 바울은 자신을 데살로니가 교인들의 아버지요 어머니로 비유하였다.

그는 자신에게 인자한 어머니의 (경건한) 특질이 있다고 말하고 있다. 우리는 이 책에서 목사 상담자에게 인내와 경청하는 자세, 공감, 그리고 자비가 얼마나 필요한지를 충분히 읽어 보았다. 목사의 사무실에서는 병든 자가 간호를 받고, 굶주린 자가 양식을 먹으며, 눈물을 흘리는 자가 위로를 받고, 무지한 자가 가르침을 받는다.

바울은 자신의 사역을 아버지처럼 낙심한 자를 격려하고, 불행을 당한 자를 위로하며, 방황하는 아이에게 하나님의 길을 갈 수 있도록 권유하는 것—상담자의 과업에 대한 또 한 가지 전형적인 묘사이다—으로 특징 지었다. 피상담자들은 그들의 목사에게서 힘과 도전, 지혜와 훈련, 그리고 성숙을 발견하게 되는 것이다.

가정과 가족과의 유사성을 고려 할 때, 심오한 일들이 목회 상담 중에 일어나는 것은 놀랄 일이 아니다. 깊은 감정들, 눈물, 성장, 사람들은 거기서 놀라운 상담자의 모습을 희미하지만 현실적으로 보게 되는 것이다.

"수고하고 무거운 짐진 자들아 다 내게로 오라 내가 너희를 쉬게 하리라 나는 마음이 온유하고 겸손하니 나의 멍에를 메고 내게 배우라 그러면 너희 마음이 쉼을 얻으리니."

목회 상담, 어떻게 할 것인가?

1994년 1월 10일 초판 발행
1995년 3월 30일 3판 발행
저   자 : 짐 스미스 외
역   자 : 김 진 우
발 행 인 : 이 형 자
발 행 처 : 도서출판 횃불
등 록 일 : 1992년 6월 10일 제21-355호
등록주소 : 서울시 서초구 양재동 55번지
          횃불선교센타

총   판 : 기독교백화점 횃불서적
          전화 570－7233, 7234
          팩스 570－7239